欲成就经典,必先自成一格。

Guy de Maupassant à 20 ans

20岁的莫泊桑

《漂亮朋友》的起点

[法]弗朗索瓦丝·莫比昂 著　　赵盈羽 译

清华大学出版社
北京

北京市版权局著作权合同登记号 图字01-2017-5746 号
Guy de Maupassant à 20 ans: Les débuts de Bel-Ami by Françoise Mobihan
©éditions Au diable vauvert, 2015
Simplified Chinese edition arranged through Dakai Agency Limited
ALL RIGHTS RESERVED
EISBN: 978-2846269667

版权所有，侵权必究。侵权举报电话：010-62782989 13701121933

图书在版编目（CIP）数据

20岁的莫泊桑：《漂亮朋友》的起点 /（法）弗朗索瓦丝·莫比昂著；赵盈羽译. — 北京：清华大学出版社，2020.1
（他们的20岁）
ISBN 978-7-302-53768-7

Ⅰ. ①2… Ⅱ. ①弗… ②赵… Ⅲ. ①莫泊桑（Maupassant, Guy de 1850-1893）—生平事迹 Ⅳ. ①K835.655.6

中国版本图书馆CIP数据核字(2019)第196115号

责任编辑：纪海虹
封面设计：嘉荷x1 夏玮玮
责任校对：王荣静
责任印制：沈 露

出版发行：清华大学出版社
　　　　　网　　址：http://www.tup.com.cn, http://www.wqbook.com
　　　　　地　　址：北京清华大学学研大厦A座　邮　编：100084
　　　　　社 总 机：010-62770175　　　　　　　邮　购：010-62786544
　　　　　投稿与读者服务：010-62776969, c-service@tup.tsinghua.edu.cn
　　　　　质量反馈：010-62772015, zhiliang@tup.tsinghua.edu.cn
印 装 者：北京嘉实印刷有限公司
经　　销：全国新华书店
开　　本：125mm×180mm　**印　张**：8.125　**字　数**：100千字
版　　次：2020年1月第1版　**印　次**：2020年1月第1次印刷
定　　价：49.00元

产品编号：073092-01

人生活在希望之中,
一个希望破灭了或实现了,
　就会有新的希望产生。

　　——居伊·德·莫泊桑

1868年春,快满18岁的居伊·德·莫泊桑兴奋得像一个逃出监狱的犯人,因为自己终于被伊夫托教会学校开除了,他从13岁起就在这里就读。这没什么好惊讶的,他所做的一切,都是为了达到这个目的。学校的门房把莫泊桑送到了埃特勒塔。当时,他的母亲和12岁的弟弟埃尔维就住在那里的一幢别墅中。当着别墅女主人的面,门房直言:"真是个不错的小伙子!"这番溢美之词为他换来了一杯苹果酒。莫泊桑的母亲洛尔·德·莫泊桑伴装着对儿子进行了一番说教,内心却替她亲爱的居伊逃离了严苛的"修道院"而暗自欣喜。

　　她亲爱的居伊是一个漂亮的男孩,眉宇间透着焦虑，红棕色的鬈发服帖地分在两旁。年轻的莫泊桑曾拍过一张照片，照片中的他装扮成一个猎手，左手拿猎枪，右手牵猎犬，肩上斜背着皮挎包，头上的那顶贝雷帽更显出他的傲慢。一个成年男子的轮廓，就这样隐隐地显现了出来。那时的他个子不高，但脖颈坚实，肌肉强壮。在此后的很长一段时间里，他的体型都总会令人联想到一头强健的公牛形象，但与其野兽般的外表相比，他的眼神却又是那么温柔、深邃，还盈溢着一股忧郁。

同年 5 月 24 日，莫泊桑终于回到了这片土地。海风掠过街巷，船只扬起风帆，海水轻轻拍打着沙滩……后来，他在自己的专栏"埃特勒塔"中写道："在这片阳光四溢的海滩上，当浪花迅速卷起细卵石时，绵延的海岸便会发出迷人而充满韵律的短促声音，就像布帛撕裂时那般干脆，就像一声轻笑那般令人愉悦……这声音似在和着泡沫纷飞，又似在轻盈舞蹈，刚一停下，就又随着新一波的浪花再度袭来。埃特勒塔，这个不见经传的名字，躁动不安又变幻莫测，遍布声响又欢快异常，它的名字是不是就诞生于浪花卷起细卵石的声音之中呢？"莫泊桑之后创作的作品也将会经常对这片狭长的海滩进行描绘，例如在小说《永别了》中，他这样写道，海滩"呈马蹄铁的圆形外廓，四周耸立着白色悬崖，悬崖被一些形状奇特的、被称之为'门'的洞孔穿破，其中一扇异常庞大，将其巨人一般的腿伸进大海，而它正对着的那扇则又矮又圆"。10岁到13岁，他在这个乐园里快活地成长，流连于母亲和大海之间，探索着埃特勒塔的角角落落，还有那些"数不清的小山谷"，那些"满是欧石楠和荆豆的荒芜沟壑"。每次散步，他都会惊叹于大自然馈赠的美景。每绕过一条小径，"在海岸线的凹入处，便是一片广阔的碧海。海水在阳光下闪烁，一艘白帆出现在天际"。

一直以来，水吸引着他，也禁锢着他。正如他在《爱情》中所写的那样，那是一种迷恋，一种"放浪的激情"。水,终将浸透他的作品、他的生命和他的想象。狂怒的大海,神秘漆黑的池塘,水波飘摇的塞纳河,在寒晨中于河面升起的白色水雾,平静的蓝色的地中海!还有温泉水,以及日后为了治疗肌肉劳损和神经衰弱所必需的冰浴。

埃特勒塔。莫泊桑从沙丘卵石上滑下来,发出很大的声响。他会在那些搁浅的小船(覆有茅草屋顶)和难闻的绞盘之间钻来钻去,他也会跟着当地的渔民一同出海,他觉得自己的"血管里流淌着海盗的血液"。他疯狂练习游泳的时候,陪伴他左右的是一位"一流"的"运动员"——小狗马托。莫泊桑后来对男仆弗朗索瓦·塔萨尔讲道:"……它潜入水里,再以惊人的速度浮上来。当我独自乘着我的小船在海上闲荡时,跟着我的都是这只勇敢的小狗。我躺在不太牢固的小船的最里面看着书,任由海水涨潮将我们推回岸边。"

罗马式教堂和公墓之间仅仅几步之遥。从费康公路下来不远,就是莫泊桑的家了,还有他家芬芳的花园。这里原先是度假别墅，后来一直都是他们的家庭住所，直到他的父母1861年分居前。住所十分豪华，分两层，还带有一个满是金银花香气的阳台。从阳台望去，触目可及的便是许多椴树、桦树、无花果树、冬青树和开花的灌木丛。凉爽的微风吹进每一个房间，里面的家具、费康修道院制作的碗柜以及产自鲁昂的古老彩釉，闪烁着莹莹的光泽。房间外绿意盎然，屋内古老的家具和铜绿色的小摆设，构成了莫泊桑难以忘记的装饰三重奏的独特氛围。尽管他以后不断搬家，却仍喜欢收集一些"老物件"。那些令他感动的、充满生气的甚至使他时常记挂着的物品，让他着墨不少。

1868年，埃特勒塔。周围的街道愈发美丽了。诺曼底这个小小的疗养地，是画家欧仁·伊萨贝[①]和欧

---

① 欧仁·伊萨贝（Eugène Isabey，1803—1886），又译为尤金·伊萨贝，法兰西第一帝国时期画家与版画家，擅长历史画和叙事画，后被选为路易-菲利普一世的宫廷画家。——译者注

仁·勒·普瓦特万①最早发现的。1850年前后，这里因《费加罗报》主编、小说家阿尔丰斯·卡尔②的大肆宣传而扬名，短短几年间内它就成了一处受人追捧的度假胜地。特别是1860—1870年，海水浴盛行，这里每年都要接待2 500~4 000名的避暑者。许许多多面朝大海的别墅拔地而起，或靠近赌场，或紧沿费康公路。其中就有莫泊桑的"埃特尔塔"专栏中提到的奥芬巴赫③率先建起的别墅，莫泊桑之后也将应邀到那里做客。"这是一座富丽堂皇的别墅，里面有埃特勒塔最宽敞、最漂亮的客厅……整个书房，乃至天花板都装以细木护壁板，栎木壁炉上清晰地雕刻着一把小提琴、一管长笛和一本打开的乐谱。"此外，还

---

① 欧仁·勒·普瓦特万（Eugène Le Poittevin, 1806—1870），法国画家、雕塑家、插画作家。——译者注
② 阿尔丰斯·卡尔（Alphonse Karr, 1808—1890），法国评论家、新闻记者、小说家。——译者注
③ 雅克·奥芬巴赫（Jacques Offenbach, 1819—1880），德裔法国作曲家，法国轻歌剧奠基人。——译者注

有未来总统夫人格雷维女士的别墅,那是一个造型怪异的混合式建筑,内部有"一个哥特式的阴影,一个意式的露台,还有一个瑞士的屋架"。再往上走,便可以看到一座罕见的、筑有雉堞的塔楼,它的主人是一个名叫多兰让的广告代理,此人以自己的这座小城堡为傲,他刚从巴黎来的时候甚至还为之鸣炮庆贺。至于那些普通的游客——既不古怪也不富有——则会下榻布朗凯酒店、奥维尔酒店、莱班酒店,或者直接住到当地居民家里。

在这个季节性喧闹的场所中,在这个年轻男人一生的起伏中,乡村风格的维尔基别墅将为他提供一个长期的避难港湾。直到后来,他的作品所获得的成功以及由之而来的可观版税才让他享受奢华,拥有一处属于自己的住所。1882年,莫泊桑给他的母亲买下了格朗瓦尔的一块土地,建造了"地中海风格"的木屋式别墅。别墅依山而建,粉着浅色墙壁,镶着瓦片屋顶。1883年,他搬到这里,在迷人的女友的建议下,他把别墅命名为"吉耶特"。其实,对于总会说中学生幼稚玩笑话的莫泊桑来说,他更愿意把它称作"泰利埃公馆",以此含沙射影地讽刺费康的那家妓院,也就是他的同名短篇小说的背景。

少年莫泊桑又回到了维尔基,这座港口小城。这是他成长的摇篮,是洛尔为他营造的安乐小窝,如今又近在眼前了。因父亲离开而产生的空缺,因痛苦回忆而增强的默契,以及洛尔内心对莫泊桑寄予的期望,都是为了加深他与这里的牵绊。而这种牵绊,忠诚的莫泊桑从未将它剪断。

1861年,洛尔与风流的居斯塔夫·德·莫泊桑的婚姻宣告失败,心灰意冷的她独自带着11岁和5岁的儿子留在埃特勒塔生活。她知道,她所做的决定将"永远无法挽回"。她再也不能忍受丈夫与那些欢场女子的出轨举动,再也不会仅凭社会地位就去尊重一个男人,更不会与这样的男人一起生活。否则,她和那些以出卖肉体为生的妓女们又有何区别?洛尔身材纤细,姿态端庄,目光清澈,头上绑着束发带。她是一位个性强烈、敏感紧张、焦虑不安的女人。她是那么的敏感细腻,无法背叛自己的梦想和尊严。

她遵守当时的礼节:永不离婚,即便1884年法律重新赋予她这项权利。数月之后,也就是在1862年,一位治安法官确认了他们夫妻分居一事,并对金钱问题作出裁定。住在巴黎的居斯塔夫,每年将要支付给孩子1 600法郎的抚养费。安顿好一切后,洛尔用颇为摩登的口吻给前夫居斯塔夫写了一封信,信里写道:"居斯塔夫,我可以向您保证……在任何情况下,我都会给予您作为我的孩子们的父亲所应有的态度和尊重。我们彼此已形同陌路,也因为如此,我们之间的一切怨恨和指责都应该停止……我们有一个神圣的共同利益,那就是儿子们的未来,在这个问题上,我们一定要永远相互谅解。"洛尔此后不再谈论爱情,也没有再婚。也许就像她曾对好友勒内·迪尔梅所倾诉的那样:"我不把母亲这一身份看作是幸福的坟墓,它本身就是幸福。"两个小男孩的责任也更重了,特别是哥哥,他成了这个家里真正的男子汉。从《一个新婚之夜》——《穆索特》第一版,传记作家马尔罗·约翰斯通 2012 年首次出版,在其间的一个令人动容的片段中,我们或许可以透过哥哥对妹妹讲的那番话语,窥探到年轻的莫泊桑的想法:

"你曾嫁给了一个毫无个性、性格软弱的男人。若是你当初懂得怎样操控他,你本可以更好地拥有他。

——你说的'操控他'是什么意思?原谅并继续和这个不知从哪里厮混回来的好色之徒一起生活吗?那我宁愿过这种破碎的生活,甘心承受孤独。

——当他请求原谅并承诺你想要的一切时,你也许不应该表现得那么固执。……当然,站在一个受到侮辱和欺骗的妻子的立场,你也许是对的。可还存在别的更重要的立场,比如说家庭立场。"

难道为了孩子,洛尔就要放下她的自尊吗?

在婚姻破裂之前,洛尔的首要任务就是让两个儿子居伊和埃尔维在优越与和谐的氛围中长大。为此，莫泊桑13岁之前只在学校里上了一年学，也就是1859年在巴黎拿破仑帝国公立中学（现亨利四世高中）的那一年。或许洛尔当时认为他需要面对一个更加传统的教育环境。学年结束时，身在帕西市场大街的父亲居斯塔夫收到了一份完美的成绩单。但是随后的一年，莫泊桑没再注册入学。在埃特勒塔，这个好动的孩子就像一匹"脱缰的小马"，诚如洛尔后来对记者阿道夫·布里松所说的那样，他除了四处乱跑之外，还要跟奥堡修道院院长、副本堂神父学拉丁语和宗教史，跟当地的小学校长塞涅雷先生学算术和法语，跟洛尔学其余的课程。1862年，洛尔写信给孩子们的父亲："我们的时间就这样被分割成了好几块，只空下中午那3个小时，我们利用这段时间在树林中穿梭，攀崖或是去田野里。孩子们都成了结实的步行者。"有时候，他们在远足时也会感到害怕。有一天，海水涨潮没过沙滩，母子们为了逃避大浪一口气就爬上了悬崖。还有一次，莫泊桑所乘的那艘渔船在大雾中迷失了方向，洛尔为此要等候他好几个小时。

不管怎样，洛尔还是为自己、为她的教育而骄傲！像她一样，莫泊桑在面对富人时，知道替穷人说话；像她一样，莫泊桑融入当地人的生活，和村子里的孩子或是偶遇的内陆农民讲诺曼底方言。在围起来的土地上，尽是这些诺曼底农人的身影，他们任风把蓝色的罩衫吹得鼓鼓的。这些农民后来成为莫泊桑短篇小说中的奥舍科尔纳、马朗丹、马格卢瓦尔或马舍布莱，莫泊桑或把他们刻画成粗野的劳作者，贪图享乐，或把他们描绘为唯利是图之人。

莫泊桑一家过着毫不做作的生活。他们和朋友或邻居互相招待，喝下午茶，打纸牌，听音乐。洛尔讲故事很有天赋，她给她的孩子们读书。莎士比亚的作品总是让她激情澎湃，那些英文诗句更是能触动她的心弦。至于莫泊桑，《麦克白》的故事深深打动了他，为此他一直索要译本。难道小家伙那个时候就有了艺术家的敏感了吗？1862年秋季的某一天，洛尔打开了一本新书——居斯塔夫·福楼拜的《萨朗波》，她为围坐在炉边的家人朗读了前几行文字："迦太基城郊，梅加拉地区阿米尔卡的花园里……"仅短短几页，东方的香气便倾洒在屋内鲁昂的陶器和打蜡的餐橱上。他们飞离了埃特勒塔，飞向了崎岖的非洲大陆，飞向了那位发间撒着紫粉、身上佩戴宝石的美丽的女主人公，以及雇佣兵的赫然哗变……莫泊桑被征服了。不久后，洛尔写信给福楼拜："你的描述总是那么优美，不过有时候也很骇人，让他黑色的眼睛放出光芒。我很确信，战场的厮杀声和象群的鸣叫声定会在他耳边回响。"

莫泊桑的文学前途受到了机遇的青睐。洛尔和居斯塔夫·福楼拜很早以前就认识了。1850年8月5日，居伊·德·莫泊桑的出生，为这部家族史小说书写了结局。若要追溯其起源，就要回到那个世纪的40年前了。莫泊桑的外祖母维克图瓦·蒂兰是费康当地一个批发商的女儿。1812年,她嫁给了一个磨坊主的儿子保罗·勒·普瓦特万(他与画家欧仁·勒·普瓦特万没有任何亲戚关系)。她的丈夫保罗做过染布厂的工头,之后成了一位非常富有的"纺织棉制造和染色厂厂主"。同年,卡罗琳·弗勒里奥——鲁昂主宫医院的外科主治医生收养的孤儿,嫁给了阿希尔-克莱奥法斯·福楼拜医生,也就是未来居斯塔夫·福楼拜的父亲。莫泊桑的外祖母维克图瓦和卡罗琳,这两个年轻的女人结识于翁弗勒尔的寄宿学校,并在那里成了很亲密的朋友。后来,她们在鲁昂重逢。若用福楼拜的外甥女卡罗琳·科芒维尔的话说,她们简直像是一对"亲姐妹",这让两个家庭之间彼此的联系也更为紧密和亲近。两家人互不分离,还一起度假:或是去福楼拜一家在德维勒-莱斯-鲁昂乡下的别墅,或是在勒·普瓦特万一家在丛林大街的斜坡花园里——花园对面便是港口波光粼粼的水域,巨大的船只在此停泊。勒·普瓦特万一家的孩子(阿尔弗雷德、洛尔和维尔日妮）和福楼拜一家的孩子（阿希尔、居斯塔夫和卡罗琳）同样亲如手足。青春的眩晕与热烈拉近了其中两个孩子的距离：阿尔弗雷德，一个洒脱迷人的花花公子，一位诗人；另一个则是比阿尔弗雷德小 5 岁的居斯塔夫·福楼拜，他通过魅力十足的启蒙者发现了生命、文学与爱情，发现了莎士比亚、拜伦以及斯宾诺莎之美。他们之间的讨论总是充满激情的："我从未进行过类似这样的文学旅行。"福楼拜在 1852 年 1 月 31 日写给路易丝·科莱的信中这样说："火炉离我们如此之近，而我们却已离它那么远；天花板如此之低，而我们却爬得那么高……一切回忆在我看来都裹着鲜红的色彩，就像大火一样在我身后熊熊燃烧。"另一个佐证两人之间十足默契的便是由居斯塔夫、阿尔弗雷德以及他们的朋友一起创造出来的人物"男孩儿"。对此，龚古尔在其《日记》中写道，"在'男孩儿'的呼喊中，他们轮流把手臂伸向了他的衣袖，并传递着玩笑话。""男孩儿"做着"机械的手势",发出"断断续续的尖笑","每个人都为他书写着一页自己的故事"。他是资产阶级式愚蠢的代表,是下流笑话和淫秽文学的爱好者。龚古尔接着说道,他掌管着"闹剧酒店,每当到了排泄的时候,那里都会举办'粪便盛宴',人们会听到走廊上传来'14号3桶粪便'或是'8号14个人造阴茎'的订单。创作由此开始,并以性虐结束"。

居斯塔夫和阿尔弗雷德是朋友,或许也是恋人,他们第一次分开是因为学业。1846年,阿尔弗雷德与路易丝·德·莫泊桑结婚,更是彻底伤了福楼拜的心。不久之后两大家族迎来了又一次结合:洛尔·勒·普瓦特万嫁给了路易斯的兄弟——居斯塔夫·莫泊桑。1848年,当阿尔弗雷德,也就是小路易(居伊·德·莫泊桑未来的表哥)的父亲,因病魔缠身、生活放荡且颓废消沉而最终离世时,年仅32岁。居斯塔夫和洛尔姐妹曾对他十分依恋,他的死更是成了他们心中化不去的幽灵,他的影子也一直飘荡在小居伊的脑海中。

洛尔就《萨朗波》一书给居斯塔夫·福楼拜写了一封信，在信里，她在描述小居伊的热情之前，巧妙地利用了这种思绪："……你今天的成功，还有昨天的成功，总把我带回到过去，让我搜寻关于阿尔弗雷德的回忆，更别提你了，你根本无法忘记他。或许对你我而言，有关他的一些事情又再次上演了？如果他可以参与其中，也定会为你对年轻人要做的考验而鼓掌。"

4年后，莫泊桑15岁了。洛尔再次提起这件事，并给福楼拜写了第二封信。信中有一些带有预示性质的话："他会让你想起他的舅舅阿尔弗雷德，他们有太多的共同之处，我相信你一定会爱他的。"在此期间，莫泊桑下定决心要写作了。先从写诗开始。最初的几首诗是在他13岁的时候创作的。我们可以揣测一下洛尔的梦想：说不定居伊能弥补阿尔弗雷德的遗憾？居斯塔夫或许能帮助他？我的居伊会成为一名诗人吗？

1868年5月,埃特勒塔。莫泊桑迎着风,走在悬崖的小径上,脚步轻快。行走使他平静下来,也吞噬了他的部分人生。他在《朱莉·罗曼》中写道:"我们走在月光下,走在轻柔的微风中,走在山坡上,走在海边。我们做着梦!那么多的幻想、爱情和冒险,在短短两个小时的路程中,经过了一个飘荡的灵魂!"

自由时光所剩无几。这一年,鲁昂的一所中学接收了他,他要在那里完成修辞班的课程。接下来的10月份,他进入哲学班,准备参加中学毕业会考。不用再念主祷文,也不用每天做弥撒。"每天早上5点起床,与修道院院长沉默用餐,禁止讲诺曼底方言。"神父神气十足地讲道。卫生设施欠缺(洗澡?干脆想也别想!)、寒冷刺骨的夜晚及一到冬天就滴水成冰的昏暗宿舍,统统都再见了!莫泊桑对新学校愚蠢的规定嗤之以鼻,他曾在操场或小教堂里咒骂出声,这足以让他成为第一个被驱逐出校的"朝圣者"。1879年10月17日,在写给福楼拜的信里,莫泊桑吹嘘自己被送到了一个"为不信教或各类丑闻而设的屋子"。显然,这不只是一句大话。

5年前,莫泊桑五年级入学的那天,也就是1863年10月12日,他就开始厌恶寄宿生活了。他的姨母维尔日妮的儿子,即他的表弟热尔梅·达尔努瓦·德·布朗戈,当时也在那所寄宿学校读书,但这也改变不了什么。不管怎样,莫泊桑还是逼迫自己认真学习:1863年12月,他的希腊文翻译课程(这可是一门让他吃了不少苦头的语言)取得了第二名的成绩,拉丁文翻译获得了第三名。莫泊桑怀揣着美好的梦想! 1864年5月2日,他给洛尔写信说:"你肯定会说,我现在提这件事还为时尚早,但我想这对你来说根本不算什么——你承诺过我，假期之初会为我举办一场舞会，但现在我更想让你为我准备一顿简单的晚餐，如果这对你来说仍算是一件小事，那你只要把舞会所需费用的一半给我就好了，这样我就可以尽快地买一只小船了。这可是我开学之后唯一的念想，这个念想不是复活节的时候才产生的，而是在长假返校之后就已经存在了。"可见，莫泊桑是多么想念埃特勒塔！在学校寄宿，他唯一可能的消遣方式便是写诗歌了，甚至是在小教堂的时候也在写。他最初写的那些诗歌，尽管蹩脚却富有灵感，全都给了他的母亲：

> 生命是远离的船只留下的波痕
> 是盛开在山上的昙花一现
> 是飞过天空的鸟儿的影子
> 是被大海吞噬的水手的呐喊
> 生命是在光影下变幻的薄雾
> 这是寄以祈祷的唯一时刻

思乡愁绪肆意滋生。1865—1866年，为了找回在埃特勒塔的所有活力，莫泊桑数次生病（装病？）。对他体贴入微的母亲，向校方申请免去莫泊桑在封斋期吃斋，可申请被驳回了，母亲深感不满。于是，她带着她的居伊摆脱了神父的操控。在母亲写给福楼拜的信中，她这样说："我的儿子没有生病，他只是神经衰弱，需要滋补的饮食；再加上他在那里一点儿都不快乐。修道院的清戒生活损害了他敏感细腻的天性，这个可怜的孩子在高墙之内快要窒息了。在那里，外面世界的任何声音都传不进去。"在勒阿弗尔高中闪电注册两周之后——他是否真的在那里上过课？——莫泊桑在新学期伊始，又回到了伊夫托。1866—1867年，经过这一年相对勤奋的学习，莫泊桑获得了法语记叙文写作科目的第一名，在这个科目上，他的确出类拔萃。同时，他在拉丁语上的成绩也十分出色（翻译、会话和诗歌）。深受塔西佗、索福克勒斯、拉辛以及费奈隆熏陶的居伊是一个优秀的学生，他的同学们都可以作证。1867—1868年，在中学的最后一年，愚昧的迷信比教会习俗更让他恼怒，正如他在复活节假期时对表兄路易所吐露的那样："我不知道你是否注意到了这个粗陋的房子，这个被神父们统治的阴暗修道院，充满了虚伪、烦闷……教士长袍的气味从这里散发出来，弥漫了整个伊夫托城，甚至在假期的最初几天，我们身上仍不可避免地沾染着这种味道。为了祛除这种味道，我刚刚拜读了让-雅克·卢梭的一部作品。我之前不知道《新爱洛伊丝》，但在这个圣周，它成了一剂消毒的良药，成了一部需要我虔诚拜读的作品。"莫泊桑一定遵循了"绿洲"（这是他和另外三名同学于1867年12月31日组建的秘密社团）的其中一条规则：每天阅读可以"战胜宗教有害影响"的作品。"绿洲"为他们提供了一个对抗过分虔诚的、令人宽慰的避难所，同时还会帮助他们恢复精神，就好像香槟酒、利口酒或小蛋糕等诸如此类的小甜点所发挥的作用。

莫泊桑三番五次地挑衅！有一天，他在课堂上戏谑地模仿关于罚入地狱的讲道，引起全班哄堂大笑，但院长为此勃然大怒。当他胆敢否认圣体圣事的真实存在时，就注定会被赶出门外。

多年之后，莫泊桑回想起中学生时的这些"暴行"，总是很开心，难以忘怀。后来，他向他的仆人弗朗索瓦·塔萨尔坦承了他被学校开除的另一个原因："他们给我们喝了一种被称作'丰收'的可怕饮料。为了报复他们，有一天晚上……我们匆忙把食品橱和酒窖里所能找到的最好的东西，比如上等葡萄酒和白酒，小心翼翼地搬到修道院的屋顶上，在那里举行魔鬼般的狂欢……这足以让我被赶出门外。不过，我一点儿也不生气。"

我们在他后来的作品中可以找到关于这些"酷刑"的蛛丝马迹。在短篇小说《一场意外》中，主人公语带颤抖地回想起伊夫托的高墙："我想起在那里的生活时仍悲伤不已，战栗不止。在我看来，高墙内的祈祷就像涨潮那天被贩卖的鱼。可悲的学校，没完没了的仪式，每日晨间冰冷的弥撒、默想、背诵福音书，吃饭时虔诚地朗读！"此外，莫泊桑也在其专栏中提到了有关教育的话题。1885年，他在专栏"母校"中严厉地抨击了初高中实行的教育，其实是牺牲了孩子们的"身心健康"："他们带走了孩子……把孩子囚禁在高墙之内……每天只给孩子们两个小时的玩耍时间，而且只能在城市中心的一座院子里。他们本应留给孩子八小时到十小时的时间在田野或森林里奔跑、骑马或游泳，留给两个小时的时间学习就够了。直至孩子的身体长强壮，精神强大起来……"在专栏"孩子们"中，他写道："这确是一个体弱多病的民族。"原因是什么？要"归因于初中，归因于寄宿学校……归因于一动不动地坐在那里学习，这会让孩子们脖颈和脊背偏斜，让右肩高于左肩，让双臂拉长而使双腿受损……"他赞赏英国人"合乎逻辑和情理"的教学方式：英国人把学校建在乡间，中午就放学。

莫泊桑很清楚自己在说什么!

莫泊桑在运动方面就像在其他方面一样,会不加节制地全身心投入,例如游泳、射击、狩猎、摔跤、击剑、划船、帆船、跑步、网球……直到筋疲力尽才停下来。他总是对全新的感觉以及尚未经历的挑战充满好奇。他儿时的一个朋友——圣-热涅斯子爵曾观看了他在费康体育馆的比赛,之后还受此启发为他创作了一幅肖像画,画中的莫泊桑表现得鲁莽冒失、顽强勇敢、哗众取宠。他是赛场上的学生中"最活跃、最机灵、最强健的"。攀岩时,他总是第一个,在木马上也总是那么灵活。"有一天,他在我们的掌声鼓舞下,想要做一个空中滚翻,然后跳到跳板上……结果却大叫着滚到了地上。"人们带走他的时候,他已经"陷入昏厥,脸色惨白,肩膀脱臼"。老师对他满腹牢骚:"这个小居伊,总是想超过别人。"

一天天的成熟,几次关键的邂逅,坚持不懈的阅读以及难以忘怀的童年经历,都使 18 岁的莫泊桑不再是那个羽翼未丰的学生,而成长为一个充满活力、血气方刚,既敏锐又冲动、既热情又绝望的年轻男人。他在埃特尔塔发现了令他陶醉亦令他困惑的女性世界。如果我们相信他在色情诗歌——《爱的牧歌》中所写的内容,那么我们或许可以断定莫泊桑在青少年时就进行了一次美妙的探索。他把这首诗献给了其中一个情人波勒·帕朗-德巴尔,后来改名为吉赛勒·德·埃斯托克:

> 我 13 岁的一天
> 偶然在谷仓角落里睡着了
> 之后被一阵奇怪的声音吵醒
> 只看见一堆厚厚的牧草之上
> 男仆让的怀里紧紧抱着女佣
> 我不太懂他们如何相互交缠
> 他们赤裸的屁股激烈地晃动
> 我知道他们在做一件快乐的事

在诗歌的后面，诗人臣服在一个名叫让娜的14岁少女的裙下。事实上，莫泊桑的第一次性行为肯定等待了许久。在作家弗兰克·哈里斯询问他的性经验时，他回答说，在12岁的某一天，他看到一个水手在他面前手淫，他就模仿了，然后便开始喜欢上了。16岁的时候，他在一个女人的怀里体验到的快乐让他不再频繁自慰。这个"乡间女孩"就是我们所熟知的"美丽的欧内斯廷"。当时，年方25岁的她和她的母亲在埃特勒塔附近的圣茹安小镇开了一间"巴黎旅馆"，莫泊桑永远无法忘记这个女孩那佛拉芒人所特有的美丽肤色。1882年，他甚至为她开辟了一个专栏，盛赞她的美貌："她的额头如雕塑一般饱满，发丝到鼻梁间的线条十分流畅，这精致的额头和鼻子总让人联想到维纳斯，虽然它们只是被鲁本斯无意安放在了一座头像上。"

埃特勒塔。海边和夏天像是一对默契的搭档，再加上暴露的着装，同样催生了他的幻想。莫泊桑对这片沙滩了如指掌，他总是待在视野最好的位置。这个亲切的偷窥者窥探着沙滩上的一些香艳时刻：大海将浑圆的臀部或曼妙的腰肢凸显出来。在"埃特勒塔"专栏里，他写道："人们临水而坐，看着海中沐浴的女人们。她们裹着法兰绒浴衣走到泡沫带，然后再用一个漂亮的动作把浴衣抛回岸边。她们迈着小碎步走进海水中，有时候会因饶有乐趣地打冷战或因短暂的呼吸困难而停下脚步，但很少有人能抵挡住大海的诱惑。而沙滩上不远处的人们则在那里对她们品头论足。尽管海水对放松肌肉有很大的帮助，但更会暴露弱点。"短篇小说《隐士》（1886年）中乱伦的主人公那番十分直白的言论就是对这幅画面的写照："……那些不是真正在爱情中的人。他们挑选女人的方式，就像在肉店挑选排骨一样，除了肉的质量之外，别的都不在乎。"既然这样，那么，死去的肉体就像是男人对女人抱有的全部幻想。那些不幸落入爱情陷阱的人无法得到拯救。

莫泊桑终其一生流连于女人之间。能解释他风流成性的一个较为合理的原因,是父母关系破裂以及破裂后产生的后果——母亲占据了太重的位置,父亲则深受诋毁。这一切,深深地烙在了他的生命里。居斯塔夫,是一位朝三暮四的丈夫,也是一个漫不经心的父亲,他很少关心儿子们的教育。莫泊桑在很小的时候便懂得利用父亲的这些疏忽。母亲洛尔在写给勒内·迪尔梅的信中讲了这样一件事:埃特勒塔的一个夏日,居伊被邀请参加一个聚会,可洛尔要留在家里照顾生病的埃尔维。于是居斯塔夫提议,由他来负责陪居伊去。莫泊桑十分清楚,父亲只要一想到要和漂亮的女人见面就欣喜若狂。莫泊桑勉强道谢后就一直采取着拖拖拉拉的态度。父亲催他赶快穿鞋,但白费力气。父亲又威胁说,如果不快点就要把他留在家里。

莫泊桑因此反驳道："你很清楚，是你自己更想去吧！我想让你给我穿鞋，我知道你一定会妥协的。快点吧！给我穿上！"居斯塔夫居然照做了。

还有一天，也许是在 1859 年那年。当时莫泊桑正在巴黎短暂求学，他在寄给洛尔的一封信中提到："我在学校考核中得了第一名，作为对我的奖励，X 女士带我和爸爸去看了马戏。我觉得，她也奖励了爸爸，但是我不知道为什么。"

莫泊桑必定也经历了一些真正的创伤。母亲洛尔在写给福楼拜的一封信中有感而发："这个可怜的孩子已经看到并懂得了不少事情。他才 15 岁，就已经这么老成了。"如果作家笔下的人物不会让我们联想到他本身的境遇，那该有多好！没有什么更能证明短篇小说《堂倌，来一大杯！》的主人公所描述的，就是作家自己童年记忆的写照。但是我们又如何相信书中提到的不幸和绝望与他本人完全无关呢？"爸爸气得发抖,他转过身来,用一只手揪住妈妈的脖子,另一只手对准她的脸使劲抽打。妈妈的帽子掉在地上,披头散发,她试图避开爸爸的拳头,但是失败了。爸爸就像一个疯子,一直打着、打着……我觉得世界就要完了,永恒不变的法则也已经变了……我幼小的头脑困惑了,惶恐了。我开始用全部的力气大喊起来,也不知是为什么,只是被一种恐惧、一种痛苦、一种骇人的惊慌折磨着。"这段描述看似印证了弗洛伊德的观点:童年受到的打击会对孩子整个一生都产生影响。"……我对什么都没了兴趣,没了渴望。我什么人也不爱,没有任何要求、抱负和希望。"

莫泊桑18岁的时候就对婚姻有了自己的看法。他在他的家庭或别的家庭中看到了婚姻破裂的实例。1868年夏天,亲爱的表哥路易·勒·普瓦特万娶了鲁昂当地一个银行家的女儿露西·埃尔努。为此,莫泊桑写了一首长诗,题为《献给我即将结婚的朋友路易·勒·普瓦特万》。在诗中，他用一种悲喜剧般的方式，向表哥表示，他愿意成为这对新婚夫妇的朋友，而两人在蜜月旅行快要结束的时候，也可以向他倾诉对彼此的"怨恨和尖刻"。因为，男人婆的漂亮女人会变成"喜怒无常、尖酸刻薄"的巫婆，就像短篇小说《在春天》描述的那样。婚姻这个主题让他获得了创作小说和撰写专栏的灵感，并着重强调夫妻关系的虚伪和危险。1884年，他为《吉尔·布拉斯报》撰写专栏"三种情况"时写道："对婚姻不忠是很自然、很正常的事情。契约双方绝对的忠诚只源自沉睡的本性，无感觉，无想象，无幻想。"他在短篇小说《他？》中得出这样的结论：自由的爱情是"世间唯一愉悦、美好的事情"。但是，也要对婚姻以外的爱情心怀戒备。对此，莫泊桑在《决裂的艺术》中这样解释，女人一旦被征服，便会"对你穷追不舍、死缠烂打"。短篇小说《无用的建议》中也提到，为了斩断这种让人难以忍受的枷锁，唯一"有效的方法就是逃跑。你失踪，然后再也不出现。她给你写信，你不回；她来见你，你搬家。……如果你偶然遇见她，也要看上去完全没有认出她，然后走开"。莫泊桑的仆人弗朗索瓦·塔萨尔将带着某种兴致见证那些在莫泊桑身边来来往往的女人们，她们可能被莫泊桑所吸引或者被他拒绝，有时候他还会送她们离开。

莫泊桑厌恶女人吗？如果我们只关注表象的话，那确实如此。他反复抓住那个年代的老论调以及叔本华——这个"梦想破坏者"只要一想到女人可以参与投票或以艺术家自居就会哈哈大笑——的观点做文章，只要求女人成为"奢侈和魅力的存在"（专栏"现代吕西斯特拉式"）。但同时莫泊桑也是富有同情心的观察家，他总是时刻准备保护弱者，他在面对女性受到的不公——愚蠢的规则、沉重的偏见、专横的丈夫、不讨喜的母亲身份——时气愤难当。随着时间的流逝，这个情场老手被疾病、孤独还有世纪末出现的更挑剔也更独立的女人而折磨着，他也将颠覆一些曾坚信不疑的事情。也许塔萨尔说的是真的，莫泊桑其实仍然是渴望婚姻的。

1868年6月。帝国中学，希腊式的三角楣饰，块石铺就的院子。这是一座他熟悉的城市，矗立于大地和大海之间，融合了工业文明的浪潮和古老的虔诚。莫泊桑在《一个诺曼底人》中写道："我们身后便是鲁昂了，这里满是教堂和如同象牙工艺品般精致的钟楼；对面是圣瑟韦，一个手工工场市镇，矗立着无数烟囱，烟雾喷向天际，与老城区无数神圣的钟楼遥遥相望。"糟糕的是，瓢泼大雨常常从天空倾泻到"这个法兰西的尿盆儿"里，雨水"密如帘幕，形成一道斜纹遍布的雨墙，它扑打着、喷吐着、淹没了一切"，也淹没了《菲菲小姐》的布景。鲁昂神秘的角落吸引着他，他发现了歪歪斜斜的街道，正如《谁知道呢？》

的主人公所描绘的,"这些房子的样子既奇怪又古老","在尖尖的石板瓦屋顶上,昔日的风标正吱嘎作响"。

莫泊桑再也不用忍受在伊夫托经历的那种孤独了。秋天,母亲洛尔和她的儿子们搬到了狭窄的学校街,她的哥哥阿尔弗雷德和福楼拜曾经就读的高中就在不远处。搬来这里之前,莫泊桑可以拜访父亲那边的亲戚:于勒,他的教父与祖父,睦邻街26号烟草仓库管理员;姑妈路易丝,她在第一任丈夫阿尔弗雷德·勒·普瓦特万死后,改嫁给了夏尔·科尔多姆,夏尔曾是一个酒商,后来成了纳维尔-尚-杜瓦塞尔的参议员。19世纪20年代,于勒在这个村子里开了大农场。

与母亲洛尔的祖辈们不同,莫泊桑一家出身于上诺曼底地区富足的资产阶级,他们刚刚从洛林省搬到这里。1699年,在故乡默兹的摇篮里诞生了一个小生命——让·巴普蒂斯特·莫泊桑,他很善钻营,知道怎么爬到贵族之列。家族的第一次发迹,可以追溯到 1752 年 5 月 13 日，这可要归功于神圣罗马帝国皇帝弗朗索瓦·德·洛林①。到了 1757 年，让·巴普蒂斯特获得了一个可以受封贵族的差事——大学院的宫廷秘书，隶属于法兰西王室卫队和财政部。让·巴普蒂斯特死后留下了四个孩子，其中最大的男孩路易-卡米耶·德·莫泊桑·德·瓦尔蒙便是居伊·德·莫泊桑的直系长辈了。

在大革命的风暴中，莫泊桑家族放弃了贵族的标志"德"，尽管王朝复辟时期仍可使用这个词缀，但是要一直等到 1846 年，家族才真正地复用"德"。惹人喜爱的哥哥刚刚娶了路易丝，妹妹洛尔·勒·普瓦特万就迷上了路易丝的弟弟居斯塔夫·德·福楼拜。那时，居斯塔夫 25 岁，他的身上还散发着一个年轻艺术家风流倜傥的迷人魅力——早在八年前，他就受

---

① 弗朗索瓦·德·洛林（1708—1765），即弗兰茨一世，称帝前曾是洛林公爵弗朗索瓦三世（1729—1736）。——译者注

到了家族的一个朋友，也就是他的老师伊波利特·贝朗热的影响——收腰的外套，柔滑的背心，紧身的裤子，精致的面容，棕色的鬈发，迷离的眼神：这确是一个衣着华丽的翩翩公子形象。这幅画作的背景是纳维尔－尚－杜瓦塞尔的一座白色的别墅，这是家族的产业，为画布增添了一抹意式的雅致。倘若说居斯塔夫·德·福楼拜白日作画，那到了晚上便是他寻欢作乐的时刻了。洛尔漂亮、敏感且教养良好，整个青春时期，她都被阿尔弗雷德和居斯塔夫的才华熏陶着。可是，她为什么会在拒绝了好几位追求者之后接受了这样一个衣着讲究、模样可笑的纨绔子弟呢？是失去阿尔弗雷德之后的暗自恼恨吗？是想要得到承诺的真挚愿望吗？还是贵族子弟那不可抗拒的诱惑，就像人们恶意揣测的那般？洛尔除了神经敏感、举止大胆之外，似乎还有些异想天开。或许，她提出了把抬高身份作为结婚的条件？以下纯属臆测：于勒·德·莫泊桑，早在1846年初，也就是路易丝结婚之前，就着手采取了一些措施以期重夺代表贵族身份的"德";同年11月9日,鲁昂法院的裁定书宣告——他们的筹谋终于实现了!

对于年轻的莫泊桑来说,从属于贵族阶级就像是礼袍加身,常常带给他一丝慰藉而非骄傲。在他动荡的一生中,这个身份为他提供了一个立足于世的支点。这个坚固的支点有关一个消失的父亲,关乎一个家庭常常被人艳羡的标志:"德",它是贵族阶级和家族血统的标志,同时也是将他与居斯塔夫·德·莫泊桑联系起来的纽带。他15岁时还是伊夫托的一名可怜学生,他曾向居斯塔夫索要饰有徽章的信纸:"你名字的首字母和我的一样;在这一点上,我对你很满意;我没有标有我名字的信纸了;我想写几封信,需要两三个信笺本。"1874年,也就是莫泊桑24岁的时候,他在写给母亲的信中提到,他借着出售祖父产业的机会找到了"关于我们家族的一些细节,就在我此刻正在读的年代久远的信中。让·巴普蒂斯特·德·莫泊桑获得了很多头衔：侍从，顾问，宫廷秘书……（莫泊桑列出了详尽的信息）。他的妻子是玛丽-安娜·德·拉马尔什，我们还留着她的画像。他的儿子路易-卡米耶·德·莫泊桑的教父是路易·德·冈·德·梅罗德·德·蒙莫朗西，教母是玛格丽特·德·格里马尔迪·德·摩纳哥。小说般的冗长叙述——达利格尔，多拉·德·沙默尔，特谢尔·德·蒙坦维尔·德·布里克维尔——颂扬了家族的出身，为这个姓氏镀上了灿烂的光环。然而当时的莫泊桑，却在一个令他沮丧的世界中度过了难捱的月底。在这个世界，完美的教育反倒成了污点。几年后，根据朱丽叶·亚当①的叙述，福楼拜曾私下向她吐露："莫泊桑和我一样，蔑视愚昧，蔑视大众，也有着贵族的偏见。他带着一副农民的神情，却坚守着名字中的'德'。"

---

① 朱丽叶·亚当（Juliette Adam，1836—1936），法国作家，女权主义者。——译者注

先祖让-巴普蒂斯特和玛丽-安娜的影子,至少是他们的画像,一直跟随莫泊桑左右,出现在他所有的寓所中——这些画像可追溯到1760年,是居伊·德·莫泊桑属于莫泊桑家族的确凿证据。仆人弗朗索瓦·塔萨尔证实:"他常常把画像放在饭厅的两块木板上,当他坐在餐桌边时,便可正对着它们。他自在地欣赏着他的先祖,特别是玛丽-安娜。他看着她就像看到了自己:强壮的脖颈,凹陷的眼睛,前额与鼻梁之间完美的线条。他们红润的面颊也很相似。多少次,我从他的眼睛里看到了灵魂的欢愉和内心的幸福。"至少,这两个人是莫泊桑家族中和睦的一对夫妻。在世人看来,他的成功、贵族的身份、唐璜式的性格将他带到了19世纪80年代,他从中汲取了最后两部长篇小说《如死一般强》《我们的心》的主题。此后,莫泊桑的热情渐渐消退。

亨利·勒内·阿尔贝·居伊·德·莫泊桑是在一座有着16世纪风格——红砖白石、小巧玲珑——的建筑内出生的。那便是米洛美尼尔城堡，位于阿尔屈埃河岸的图维尔小城，紧邻迪耶普。北面，一条山毛榉林立的道路通向城堡的正面，墙上雕刻着水果、花朵和面饰。南面，则保留了亨利四世时期古朴的外廓。它正对花园，花园内挺立着一棵黎巴嫩雪松。1850年8月5日上午8点，母亲洛尔是在城堡西侧二楼的一个圆形的小房间内分娩的。后来，莫泊桑对仆人弗朗索瓦·塔萨尔如是说：协助母亲生产的吉东医生一把夺过婴儿并用力揉捏，他向母亲解释，这样做是为了揉出一个"像苹果一样的圆圆的小脑袋，您放心吧，孩子的脑子将来一定异常聪明，特别好用"。莫泊桑心想，是不是当年这个特殊的举动，让他可以"轻松自如地应付如今超乎寻常的工作"呢？

一直以来，人们都在质疑莫泊桑的出生地，同样也在臆测他母亲的贵族梦：洛尔在费康丛林街母亲的家中生下小居伊后，便与图维尔市政府商量并迫使其匆忙租下她所指定的地方。然而，历史学家们此后证实，居斯塔夫夫妇早在1849年年底便租下了米洛美尼尔堡，随后，他们以住户的身份买下了城堡主人马雷斯科男爵夫人拍卖的部分家具。

8月23日，在城堡内的圣－安东尼－莱尔米特小教堂里，居伊·德·莫泊桑接受了简单的洗礼。小教堂隐没在山毛榉林地的怀抱之中，幽深的光线投落在古老的彩绘玻璃窗和18世纪的栎木护壁板上。他的教父和教母分别是于勒·德·莫泊桑和维克图瓦·勒·普瓦特万，这两人刚刚失去了各自的配偶，或许洗礼也是因此而推迟的。按照惯例，只有面临夭折危险的婴儿，才会被特许举行这种简单的洗礼仪式。一年后，也就是1851年8月17日，居伊·德·莫泊桑在图维尔教堂正式受洗，洗礼仪式由叙里神父主持。

尽管莫泊桑在米洛美尼尔城堡度过了最初三年的时光，但是除了上述讲到的故事，一些遐想或弥漫的怀旧情绪之外，他的记忆里已然没有关于这座城堡的任何痕迹了。1878年的某一天，写给鲁昂的一位朋友罗贝尔·潘雄的信中又提及这个地方:"从锡河河岸的圣-奥班上空望去,目光只要穿过一条林荫大道便可看见大海。城堡正面的一侧并没有让我回想起任何事情,里面似乎有人居住,隐隐约约还能看到一些人在散步……"信被撕碎了,只留下残章断句。费康本地出生的信徒们纷纷"涌入",试图揣测出这里面那些见不得人的秘密。

在莫泊桑出生四年后,母亲洛尔想离开米洛美尼尔,人们也不知道确切的原因。传闻声称,山毛榉上乌鸦尖利的叫声或许让她得了偏头痛和忧郁症。事实上,1854年,莫泊桑一家搬到了费康附近的格兰维尔城堡,因为这里与姨母维尔日妮和姨父夏尔-居斯塔夫·达尔努瓦·德·布朗戈一家所在的布尔南比斯科距离很近。莫泊桑常常见到比他小三岁的表弟热尔梅,后来两人都在伊夫托的学校里上学,他们一起打猎,一起在埃特勒塔浴疗。不久后,母亲洛尔给莫泊桑又生了一个弟弟——1856年5月18日，埃尔维在格兰维尔城堡出生。埃尔维，是与哥哥居伊争夺母亲宠爱的劲敌，也是未来家庭问题的根源。

这一次搬家，将会在莫泊桑的身上留下深刻的痕迹。白色的格兰维尔城堡纯净而古朴，遗失在一片绿色的梦里。这片庄园为他的第一部长篇小说《一生》（1883年出版）提供了背景。"这是诺曼底的一处宅邸，又高又大，连通着城堡和农舍。通体的白石构造已变得有些灰暗。这里很宽敞，能容得下一个家族的人居住。"小说的主人公雅娜·勒·佩尔蒂·德沃——新包法利夫人——最终献祭给了于连·德·拉马尔的不幸婚姻，她的命运与洛尔的遭遇很相似。换句话说，故事中的城堡不是幸福的楼阁。不过，小居伊还是在那里开始了与大自然的亲密接触，打开窗户便可看到花园和高大的杨树。"荒芜广阔的原野耕种着荆豆，微风在那里不分昼夜地吹着"。"徐徐阵风"也带来了"空气咸咸的味道，还有海藻黏稠的气息"。"当夜幕降临，苏醒的野兽在宁静的暗夜中隐匿着它们的行踪"。

外祖母维克图瓦的家，就在费康丛林街98号，向着港口——那是一个一直很热闹的港湾，也曾让勒·普瓦特万一家的孩子和居斯塔夫·福楼拜心驰神往。福楼拜的外甥女卡罗琳后来回忆："在勒·普瓦特万夫人家，生活广阔而美好。夫人常常把孙子们叫到家里去。如此，居伊·德·莫泊桑成了我的玩伴，尽管他比我小4岁，却总是摆出他身为男孩的优势，声称要做领头……他最喜欢的游戏是在草地上模拟驾船，草地两头的一些树可以当作桅杆，居伊坚定的声音发出一条条指令：右舷，左舷，解帆。我是他的小水手和小助理。"

洛尔也许不喜欢粗犷的费康，不过正是在这里，他们感受到了海藻、启程和冒险的气息。海风阵阵的街上可以嗅到强烈的味道，坐落在山丘上的房子俯瞰着波光粼粼的船港、巨大的桅杆还有养蚝池。1887年，莫泊桑为勒内·迈齐鲁瓦①的作品《蔚蓝深海》写了一篇序文，题为《女渔夫和女战士》，这是一首嗅觉的颂歌："我在海边长大，在北方阴沉冰冷的大海边。这座小小的渔业城市一直经受着风雨和浪花的拍打，弥漫着鱼的腥味。有搁浅在岸边的鲜鱼的味道，它们的鱼鳞在路面上闪闪发亮；腌渍在桶里被滚来滚去的咸鱼的味道；还有房子里鱼干的味道。房顶上砖砌的烟囱中冒出的浓烟，把鲱鱼的刺鼻腥味带去了远处田野的上空。"

若要追忆逝去的幸福时光，18岁的莫泊桑只能靠回忆了。1863年，费康的房子被卖。外祖母维克图瓦后在埃特勒塔买了一栋房子，距离洛尔家很近。1866年3月，这位深受爱戴的老人离世。6个月后，莫泊桑的姨父达尔努瓦——布尔南比斯科的主人，维

---

① 勒内·迈齐鲁瓦（René Maizeroy, 1856—1918）是勒内·让·图桑男爵（baron René-Jean Toussaint）的笔名，法国小说家。
　　——译者注

尔尼日的丈夫，表弟热尔梅、表姐妹苏珊和卡特琳的父亲——不幸去世，莫泊桑的部分童年也随之坍塌。虽然陪在他身边的只有母亲和姨母两人，不过，莫泊桑马上会在鲁昂迎来一次关键的相遇，既是情感上的，也是文学上的。

有一天，他和一些同学正在学监的监督下返校。突然，学监让他们停了下来，"毕恭毕敬地"向迎面走来的男人问好。在1882年的一个专栏中，莫泊桑写道，这是"一个胖男人，蓄着长长的胡子，走路的时候肚子前挺、脑袋后仰，还戴着一副夹鼻眼镜"。当男人走远后，学监说，"这是路易·布耶①先生"。随后，还诵读了布耶的诗句："《梅列尼斯》的诗句是那么美妙，那么富有韵律，那么充满爱意，它们如同所有美丽的诗篇一样，抚慰了耳朵和思想。就在这

---

① 路易·布耶（Louis Bouilhet, 1822—1869），法国诗人。——译者注

一天晚上，我买了一本《花彩与环饰》。整整一个月，我都沉醉在这洋溢着热情和细腻的诗歌中。"47岁的布耶刚刚担任鲁昂图书馆的馆长，许多忠实的仰慕者对这位艺术家很是赞赏。他们喜欢他的诗歌，如《化石》《梅列尼斯》；他们也记得他在巴黎获得成功的戏剧，如1856年的《蒙塔尔希夫人》，1866年的《安布瓦兹的密谋》。布耶学过医，曾是福楼拜的父亲的学生，后来弃医从文；他也曾是居斯塔夫·福楼拜的同学。阿尔弗雷德于1846年结婚之后，两人更是成了密友，为艺术而艺术的热忱以及相互间的不断鼓励维系了他们之间的纽带。然而，因为过于谦逊和贫穷，布耶从未辉煌过。

该如何与他攀谈呢？莫泊桑心想，虽说有福楼拜作为介绍人，但还是有些许敬畏。莫泊桑之前见过福楼拜了，最近一次见面是在1867年9月，也就是伊夫托的学校开学前。当时，莫泊桑和一位朋友经过鲁昂，拜访了福楼拜和他的母亲。为此，福楼拜夫人在写给洛尔的信中表达了见到这位"快活风趣的迷人小伙"的喜悦:"您的老朋友居斯塔夫见到他很高兴,托我代为祝贺您有这样一个孩子。"不过,在福楼拜看来,这个名字还只会让他"畏惧而尊重"。

有一天,莫泊桑终于鼓起勇气,独自前往"没有尽头"的比奥雷尔街,布耶就住在这条街的43号。当布耶为他打开房门迎他的时候,他方寸大乱。紧接着往里走,他看到很多花坛。他觉得是时候该背诵诗人的一些诗句了。诗人将"善意的眼睛,无比亲切,无比敏锐"转向他,"炯炯的目光流露出一丝戏谑和友善"。

一个秋日,他再次拜访布耶。"透过一大团烟雾,两个高大的男人埋在扶手椅里,一边抽烟,一边交谈"。他感到很惊讶。布耶和福楼拜这两个人的剪影跟维京海盗十分相像,同样挺着肚子,蓄着胡须,目光清亮。那真是一次传奇的相见!年轻的莫泊桑待在一个角落里,显得何等地渺小。下午四点,两人带他来到了圣-罗曼集市——鲁昂的季节性节日。莫泊桑在专栏"回忆"中提到了这次难以忘记的"缓慢穿行",他陪在两个巨人的身旁,看着刚刚还像孩子一般兴奋的他们因一场古代木偶剧而陷入忧思,福楼拜受此启发,如往常一般,在小提琴的乐声中创作了《圣安东尼的诱惑》。

1868年秋,鲁昂。身为高中生的莫泊桑创作了长诗《闪电》,其灵感来源于诗人缪塞;围绕茹弗鲁瓦的思想,撰写了作文《造物主上帝》,被登记在荣誉簿上。莫泊桑每周都会造访比奥雷尔街,跟他第一位真正意义上的"文学导师"学习诗歌创作。在诗律学和美学原则上,布耶毫不吝惜对他给出自己的建议。对此,莫泊桑在《论小说》中回忆,布耶一再叮嘱他"一百行诗,甚至更少的诗,只要无可指摘,且饱含诗人的才情和独创性,便足以成就他的声誉,即便他是一个二流诗人"。布耶也会修改他的诗句,特别是那首应学校校长的要求(他接到的第一次"约稿")

而创作的诗歌,莫泊桑要在1869年1月28日的圣-查理曼晚宴上朗诵。1月27日晚,莫泊桑到了布耶家中,并在那里过夜,他给布耶读了这首诗。第二天,圣-查理曼之行的离奇故事便上演了。诗作开门见山:

> 诚然,我的好友,我不知道更糟的事了
> 当我们要作诗的时候,却发现无话可说
> 这一个月,我每天都在等待一个灵感
> 然而我一直都在等待……

如果说布耶对这首诗持保留意见的话,那莫泊桑的同学们则对它致以热烈的欢呼,母亲不久后对此评价,"这是他在文学上获得的第一次成功"。

1869年7月18日,这段师生情不幸以悲剧收场。莫泊桑后来说,"有一天我得知了他病重的消息,第二天他便猝然离世"。对于沉浸在悲伤之中的福楼拜而言,布耶的离去也带走了自己的一部分,这位30

年的老友是他"文学的良心",是他的"助产士"。深受触动的莫泊桑也用诗歌的方式纪念了这位诗人:

> 可怜的布耶!他死了!
> 如此亲切,像父亲一般的人
> 他的存在对我来说,就像另一个弥赛亚
> 他手握天堂的钥匙,在那里长眠……

布耶是莫泊桑的第一个文学启蒙老师,第一个精神教父。莫泊桑不会忘记他,也不会忘记他的谆谆教导。莫泊桑向他学到了"要尝试一切的力量":"……持久的工作和对职业深刻的认识可以孵化出精悍的、完美的作品,终有一天,我们可以创作出这种作品。"莫泊桑逝世10年后,母亲洛尔曾断言:"如果布耶还活着,会把居伊培养成一位诗人,而福楼拜则想让他成为一名小说家。"

那年还有另一个考验,一个仪式在等待着高中生莫泊桑：布耶去世 9 天后，即 7 月 26 日，他通过了毕业会考。满怀悲伤的莫泊桑是否找到了去投入工作的勇气？他确信自己学到知识了吗？但是他的确获得了毕业文凭，尽管成绩平平。

随着季节的变化，埃特勒塔为年轻的莫泊桑提供了成百上千种治愈忧郁和创伤的良药：在随波摇曳的小船上钓鱼；在附近的树林里打猎；到了晚上，在维尔基别墅当众朗诵诗歌……一位年纪尚幼的邻居，画家莱昂·奥利维耶未来的妻子，对莫泊桑的"表演"还保留着模糊的记忆。1923年，她对作曲家雅克·奥芬巴赫的孙子雅克·布兰德容-奥芬巴赫说："……到了晚间，居伊滔滔不绝地给我们朗诵诗歌，其中有一些并不适合我们听。……我们觉得小诗人实在让人厌烦，但还是得迁就他的突发奇想，简直是一个粗暴、任性、执拗的小恶魔。"莫泊桑一家所做的一切总是太过了些，他们常常试图"使庸俗之人大为惊愕"，因为洛尔很瞧不上"庸人"狭隘的思想。

莫泊桑是一流的恶作剧高手,他寻找并发现一些不幸中招的猎物,还编造荒谬的故事。天真的巴黎人对可以在悬崖上看到老旧的小船而惊诧不已,对此,莫泊桑不假思索地对其中一个巴黎人解释道,埃特勒塔风急浪高,它们淹没了一切,任凭小船被冲到那么高的地方。还有一次,大概17岁的时候,他化着精致的妆,穿着撑架裙,冒充某位刚从新喀里多尼亚来到这里的古怪的年轻女人——瓦尔蒙夫人(与他的祖先同名)走街串巷。奥利维耶夫人对此回忆,"整个埃特勒塔都在欢迎这位无畏的旅行家。人们为她奉上茶水以示敬意。一位年迈的英国女人非常殷勤地接待了她,可这位'瓦尔蒙夫人'一点都不严肃,净讲一些低俗至极的胡言乱语"。莫泊桑应该向那个英国女人道歉。

让人慌乱、生气、害怕总是令莫泊桑开心不已。当他还是费康的一名孩童时,为了捕捉到外祖母维克图瓦和她的朋友福楼拜夫人眼睛里恐惧的泪光,他在墙缝里找了一些蜘蛛,把它们放在盆罐里,或是"充满恶意地"把它们扔到两位夫人的眼皮底下。福楼拜的外甥女卡罗琳·富兰克林·格鲁在《过去的时光》中说:"两位亲切的夫人的喊叫让他手舞足蹈,然后,他欢快地溜之大吉。"但在这个"被宠坏的、暴躁的"孩子看来,这些只不过是"孩子的恶作剧","因为,我相信,他深爱着他的外祖母"。其他时候,遭受莫泊桑捉弄的是他的弟弟埃尔维和他的朋友保罗·迪瓦尔,也就是未来的作家让·洛兰,后来两人交恶。1897年,洛兰在他的一个专栏中回忆,莫泊桑为了吓唬他们,把他们带到荒废的屋子里,"……在那里,我们被罩上床单,裹在毯子里,他如幽灵一般突然出现,我们无措的叫喊和仓皇的逃跑让他找到了乐子"。

后来,莫泊桑将愚弄变成了艺术。面对荒诞的世界,他嗤之以鼻,闹剧成了他生存于世的必要条件。就像短篇小说《闹剧》中的小男孩(小男孩把磷化钙放进一个老妇人的便壶里,担心不能将其杀死)一样,莫泊桑总是带着略微残忍的嘲笑。他故意让受邀前往乡下的朋友们错过火车;在车厢邻座面前装作运送炸弹;在雅致的餐桌上宣称吃过女人的肉,并吃过多次;在另一个餐桌上细述他从塞纳河中钓上来的溺水者腐烂的身体;给一位上流社会女士(波托茨卡伯爵夫人)寄了一篓青蛙;把他的一个朋友介绍给一位因没有丈夫而苦恼的轻佻女人,这个朋友伪装成富有的追求者,兴奋地想要看到女人知道真相后的失望神色。莫泊桑其中一个杰作:1886年,吉耶特别墅,一幅名为《蒙马特的凶杀》的画作,它呈现的血红色(取其本意,用真正的血液制作),在豪华考究的宴会之上被展示出来,让一众最高贵优雅的夫人目瞪口呆。

莫泊桑对血液有一种痴迷,这种流动的、令人心悸的"红宝石"夹杂了生与死的欲望。小说《爱情》中的叙述者在自己身上发现了原始人野蛮的,同时让人心醉神迷的本能:"我酷爱打猎;一看到鲜血淋淋的动物,染满血迹的羽毛,我自己手上沾上的血,我就血脉贲张,兴奋得无法抑制。"抚摸猫"柔软细腻的"皮毛时所产生的质感引起了更为暧昧的冲动,"这张活生生的皮毛,让我几乎产生了一种奇怪的、残忍的欲望:掐死我抚摸的这个小畜生"(《关于猫》);让人变成奴隶的爱情注定要失败;女人是"我们生活中最大的危险"(《无用的建议》);性欲有时会钻进常态的边界,游移于恋物癖(《头发》)、施虐欲(《小罗克》)和恋尸癖(《死亡》《坟墓》《墓碑》《十一号房间》)之间。

在如何享受奇特的快感方面,18岁的莫泊桑将会见到两位大师。天气变化莫测的埃特勒塔一直吸引着众多艺术家们,其中有画家、作家或是歌剧明星,他们为当地居民提供了谈资。1868年秋,当莫泊桑在海滩散步时,有人告诉他一个男人落水了。他想要施以援手,只是一艘小船先他一步救起了那个冒失的醉汉。另一个英国人鲍威尔——"落水者"的朋友,不久前刚搬来埃特勒塔,为了感谢莫泊桑,他邀他一同吃饭。1882年,莫泊桑在其专栏"埃特勒塔的英国人"中写道,他惊讶地发现,那人的院子里有一只活蹦乱跳的大猴子,房间里"到处都是油画,有的精美,有的古怪,将精神错乱者的想法定格其上。如果我记得没错,其中有一幅水彩画,上面画着一颗骷髅,它被放进一个贝壳里,在人脸般的月亮下,在无边大海上漂浮。到处都是一些骸骨。我特别注意到了一只可怖的人手模型,皮肤干巴巴的,黑色的肌肉裸露在外,雪白的骨头上仍血迹斑斑"。

其他客人同样难掩惊讶之色。房子的主人鲍威尔出身威尔士富有家庭,是一位诗人,也是一名伟大的旅行家(曾出版了一部关于冰岛故事的译作),他"似乎生活在一个怪诞离奇的梦里,就像埃德加·爱伦·坡①所做的那样……他热爱超自然、死亡、折

---

① 埃德加·爱伦·坡(Edgar Allan Poe, 1809—1849),19世纪美国诗人,小说家,文学评论家。——译者注

磨和复杂，热爱所有一切与大脑功能失调有关的事物"。他的朋友阿尔加侬·查尔斯·斯温伯恩①是海军军官之子，也是一位被社会诅咒的诗人（23年后，即1891年，莫泊桑为他的一部译作作序）。他的长相几近畸形，"额头宽大似圆盖，像是吞掉了身体其余的部位，其下是一张瘦削的脸，尖尖的下巴呈锥子状，还蓄着一撮胡须"。他因"神经紧张"而躁动不安，行动断断续续，活似"坏了的弹簧"。这是一个令人苦恼但却才气横溢的精灵，"他猛然做出动作，然后一字一字清晰地说出不连贯的句子，就像一颗颗钉子钉入你的大脑"。莫泊桑带着一半担忧一半痴迷观看了这场在鲍威尔家里上演的剧目，他似乎沉浸在一个黑色童话的幻象之中：那只大猴子时不时被主人手淫，每当客人想要喝酒时，它就把客人的头按到杯

---

① 阿尔加侬·查尔斯·斯温伯恩（Algernon Charles Swinburne，1837—1909），19世纪英国诗人，剧作家，文学评论家。
　　——译者注

中,并以此为乐。几天后,莫泊桑收到了第二次午餐邀请——享用猴子肉。1891年为斯温伯恩的作品作序时,他写道,两个英国人"痴迷于反常的、神奇的诗歌",他们和他谈论艺术和文学,对他讲述冰岛的传奇故事,这些故事被鲍威尔以一种"惊人且可怖的离奇方式"翻译了出来。午餐结束时,一些与原照片同样大小的淫秽照片突然出现——只不过是一些男性象征,而那时,鲍威尔正吮吸着那只干瘪之手的指尖。

1869年9月,莫泊桑第三次来到这里。他把房子上的题词指给两个英国人看:"多尔芒西的小屋"。他们是否知道多尔芒西这个名字与《卧房里的哲学》①中的主人公同名呢?"他们肯定地回答了我的问题。我问他们,'这是房子的招牌吗'。他们面色

---

① 法国情色作家萨德侯爵(Marquis de Sade,1740—1814)的作品。——译者注

骇人，回答说，'如果你想的话'。我怔住了，此后再也没有见过他们。诚然，他们两人住在一起，还有一些猴子以及年轻的用人作伴，他们对这样的生活心满意足……房子里充斥着怪异的声响和暴虐的身影；一天晚上，我们看到并听见了鲍威尔拿着手枪在花园里追逐一个黑奴。萨德作品中真正的主角在面对罪恶时毫不退缩。"

两年后，在鲍威尔离开的时候，莫泊桑买下了那只可怕的人手，别墅里其余物品则被分散出去。这个阴森森的"吉祥物"启发他创作了两部作品：《剥皮的手》（1875年）和《手》（1885年）。这是一种病态的恋物，一种染血的虚无，象征了死亡和惩罚，也预示了莫泊桑未来的痛苦。

1869年10月，埃特勒塔，莫泊桑经历了一次美学上的关键邂逅。一天，一场猛烈的暴风雨诱使他来到海边，狂怒的大海一直令他着迷。一个人突然说：

"快去看库尔贝①啊,他正在做一件了不得的事!"这句话不是对莫泊桑说的,不过莫泊桑知道画家就住在那所"面朝大海"的房子里,于是便跟着好奇的人群到了那里:"在空无一物的大房子里,一个满身油渍的胖男人拿着一把厨刀在一幅空白的巨大油布上刻下一道道白痕。他不时地把脸贴到窗上,观察窗外的暴风雨……咸咸的雨水犹如雹子一般敲打着玻璃,后又顺着墙壁滑下。……这部作品成了后来的《波浪》,在世上引起了一些反响。"在这个《翻滚的大海》②的时代,库尔贝秉持写实主义的理念,多次向艺术界发起重击,对抗陈腐的艺术惯例,例如《采石工人》(1849年)、《奥尔南的葬礼》(1850年),为此,他收获了荣耀,也经历了耻辱:作于1866年的《世

---

① 居斯塔夫·库尔贝(Gustave Courbet, 1819—1877),法国画家,写实主义美术的代表。——译者注
② 居斯塔夫·库尔贝作品,作于1869年,现藏于巴黎奥赛博物馆。——译者注

界的起源》不被世人接受。实际上,库尔贝并不是莫泊桑接触过的第一个伟大的艺术家。早在两三年前,当莫泊桑沿着农场附近的小溪散步时,年迈的著名画家柯罗[①]突然出现在他面前:"黄色的光线在树叶上流淌,然后透过树叶,零零星星地洒在草地上。这个老伙计没有看到我。他正在一幅方形油布上作画,缓缓地,静静地,几乎一动不动。他的头发又白又长,他神色平和,面露微笑。"到了1885年,在埃特勒塔明亮的小径上,莫泊桑遇到了"绘画三部曲"中的第三位主人公克劳德·莫奈,这是一位捕捉光与影的印象"猎手",莫泊桑生动地刻画了他的动作:"我曾亲眼看见他抓住一束落在白色悬崖上的灿烂阳光,将其锁定在一片黄色的色调中,让这难以捕捉、令人目眩的奇妙景象产生了奇特的即时效果。还有一次,

---

① 卡米耶·柯罗(Camille Corot, 1796—1875),19世纪法国风景画家,印象主义画家的先驱者。——译者注

他满手捧着拍落在海上的骤雨,把它挥洒在画布上。因此可以说,他绘作了雨,在这滂沱大雨中,海浪、岩石和天空一色朦胧,几乎难以辨清。"

1886年,莫泊桑在《吉尔·布拉斯报》发表的专栏"一个风景画家的生活"中提到了上述三幅场景。当时,《漂亮朋友》(1885年)已引人瞩目,《奥尔拉》(1887年)正蓄势待发。在声名鼎盛之时,莫泊桑剖析了他创作此专栏的动机。几个月前,印象派团体举办了解散之前的最后一次展览。同年春天,左拉在其作品《杰作》中描述了艺术家克洛德·朗捷的痛苦与失败,人物原型便是保罗·塞尚。对于艺术家"与其思想、与朦胧晦涩的画作"之间"可怕的较量",莫泊桑自随福楼拜学习以来便了然于心。因为,即便他不是画家,也一直生活在"绘画之中",他"从早到晚,穿过原野与树林,越过悬岩与荆豆,只为寻觅真实的、尚未观察到的色调"。他睁大的双眼"犹如贪婪的大口",练就了目光的敏锐:"一片叶,一粒石,一丛草,都让我无限驻足;我热切地凝视它们,分析那细微且难以觉察的色调,品味神秘与美妙的幸福,远比一个找到金子的淘金者更加激动。"

然而,在这个"印象"探索者的作品中却没有印象主义画派的蛛丝马迹:似乎他与奥古斯特·雷诺阿、埃德加·德加、居斯塔夫·卡耶博特不是同时代人;似乎他从未出入蛙塘①,也没有光顾位于夏都的富尔奈斯饭店和苦艾酒风靡一时的巴黎咖啡馆;似乎他不是住在加莱特磨坊餐厅300米远的地方,也不住在克洛泽尔街唐吉老爹商铺的对面;似乎他从没有听到过左拉为印象派辩护。虽然莫泊桑在他的专栏中致敬了三位创新者,但他更是传统画

---

① 蛙塘地处巴黎西郊的克鲁瓦西岛,19世纪初,因野趣十足和交通便利,深受艺术家的欢迎。——译者注

派的拥趸，如梅索尼埃①、米勒②、热尔韦③、让·贝罗④、爱德华·德塔耶⑤、莫里斯·勒卢瓦尔⑥。不要忘了，《漂亮朋友》中的瓦尔特便是选择这些画家的画作来装饰会客厅的。

1869 年，19 岁的莫泊桑向往艺术家的哪一种未来呢？他与昔日的阿尔弗雷德·勒·普瓦特万和福楼拜一样，在巴黎大学法学院注册。但他没有立即迁居，也无须学习民法典、成为巴黎人。1869 年 11 月，他

---

① 让-路易·埃内斯特·梅索尼埃（Jean-Louis Ernest Meissonier, 1815—1891），法国画家，擅长风俗画和军事题材的创作。——译者注
② 让-弗朗索瓦·米勒（Jean-François Millet, 1814—1875），19 世纪法国最杰出的以表现农民题材而著称的现实主义画家、法国巴比松派画家。——译者注
③ 亨利·热尔韦（Henri Gervex, 1852—1929），法国画家，早期作品多描绘神话、展示人体，后期作品则以现代生活为主题。——译者注
④ 让·贝罗（Jean Béraud, 1849—1935），也译让·毕侯，法国早期印象派成员之一。——译者注
⑤ 爱德华·德塔耶（Édouard Detaille, 1848—1912），法国学术画家和军事艺术家。——译者注
⑥ 莫里斯·勒卢瓦尔（Maurice Leloir, 1853—1940），法国插图画家，水彩画家，版画家和收藏家。——译者注

与家人、佣人和他的狗一道离开了鲁昂，也避开了感染伤寒的风险。后来，回到埃特勒塔后，他与母亲洛尔经常为抢夺《情感教育》的优先阅读权而争吵不断（洛尔写信给她的朋友居斯塔夫："他想让我告诉你，他很喜欢这本书。"）。1870年2月，莫泊桑亲自作了一首诗以献给他十分钟爱的一位诗人：

> 缪塞歌颂了爱情与它的幻灭，
> 普罗米修斯之火在他心中燃烧，
> 当我们重温卓越的四夜组歌，
> 渴望如他一般隐忍与歌唱。

说到歌曲，在历史与国家的巨幕之下，他即将为自己谱写一曲战歌。

一切源于利奥波德·德·霍亨索伦亲王的西班牙王位继承资格，他是普鲁士国王威廉一世①的远亲。然而这对法国来说根本难以理解，他们担心普鲁士居心叵测，对此提出抗议。利奥波德应威廉一世的要求放弃了西班牙王位。拿破仑三世却妄想得到更多：让威廉保证未来不再支持霍亨索伦王族继承西班牙王位。普王拒绝了他的要求，并通过埃姆斯密电传信给他的首相奥托·冯·俾斯麦。俾斯麦却想借此挑衅法国，他删去了密电中所有的外交辞令，只留下极具侮

---

① 威廉一世（法语为 Guillaume Ier，德语为 Wilhelm Ier，1797—1888），普鲁士国王，德意志帝国皇帝。——译者注

辱性的断章残篇，法国落入圈套。1870 年 7 月 19 日，拿破仑三世正式对普鲁士宣战。

福楼拜被卷入战争的旋涡。8 月 15 日，他在刚刚庆祝完自己的 20 岁生日仅十天后，就在克里克托市政府"自愿参军"。自愿，只不过是一种说辞而已。从 8 月初起，法国在东部战线节节败退，战事紧急，国家征召 1870 级所有学生入伍，之后再进行抽签，不幸抽中坏签的人将服役五年。8 月 17 日，莫泊桑作为第 1591 号二等兵——"灰眼睛、普通鼻子、圆下巴、褐眉、高额、嘴巴中等、圆脸"——抵达万塞讷军团，经过简单的考核后，他进入第二师后勤部门担任文书一职。8 月 27 日，洛尔收到了年轻士兵的第一封信，彼时的莫泊桑一派乐观："……战争的结局毫无悬念，普鲁士就要完蛋了，他们也觉察到了，他们唯一的希望就是一举攻下巴黎，不过我们已经做好准备招呼他们。"在信里，浑不在意的莫泊桑还取笑了父亲对他的关心（"若是我听他的，想要不挨子弹，我得去下水道把守"），提到了在歌剧院愉快的夜晚，同时他也抱怨军营生活实在"无聊透顶"。

莫泊桑天真的愿望很快就破灭了。法军各处备战不足，指挥错误，最终溃败。9月2日，皇帝在色当投降。9月4日，第三共和国宣告成立。9月20日，普鲁士围困巴黎。法国内阁总理甘必大乘气球前往图尔，试图组织防御，而此时，诚如洛尔写给居斯塔夫·莫泊桑的那样，莫泊桑还在鲁昂后勤部门"日复一日地等待一纸调令"。普鲁士势如破竹，继芒特、博韦之后，又于10月兵临日索尔。在鲁昂已很难坚守的情况下，法方——先后是居丹将军、布里昂将军——下令在昂代勒河沿线严阵以待。寒冷开始冻结战场。莫泊桑就躲在鲁昂东部的莱桑代利森林，那里的树木挂满了冰霜。后来，莫泊桑向仆人弗朗索瓦·塔萨尔讲述了这些难捱的时刻："我们等待着敌军。……他们有一支炮兵部队，远距离就能造成我们大量死亡。而我们几乎什么都没有。我们闪着亮光的步枪本应镀上青铜。有时候，射出的子弹会落到距离我们百米左右的地方。我们气得发疯！寒气咄咄逼人，我们的嘴唇就像灌林中的小枝条一样微微颤抖，但不是因为寒冷，而是因为一种扼住我们喉咙的神经兴奋。我们无数次咒骂将我们置于如此境地的罪魁祸首。"在这样阴森冰冷的环境下，一个身影出现了，就像安徒生童话故事中的人物那样：约瑟芬，居伊儿时的女佣，她带来一篮食物，有火腿、羊腿、芥菜……"一时间，我们觉得所有烦恼似乎都消失了，德国佬定会被我们痛打一顿……"

鲁昂市政府混乱当道：激进派与保守派争论不休，时间在命令、违抗命令和畏缩不前中蹉跎殆尽。12月初，尖顶头盔①先头部队抵达诺曼底，法军溃退。衣衫褴褛、饥寒交迫（零下12℃）的士兵们在奔赴

---

① 普鲁士陆军军盔，头盔有三个主要的皮革部分：一个基本帽壳，一个前帽舌，以及一个后帽兜三个部分用线缝合。——译者注

勒阿弗尔的道路上艰难行进。莫泊桑看到一些士兵倒在路边，冰冻让他们手上的皮肤与武器粘连在一起，他们脱下军靴，赤足走在雪地上，然后坐下来，筋疲力尽。后来，莫泊桑在其短篇小说《恐怖》中写道："每一个坐着的人都是一个死人。"至于那些像他一样仍能坚持前行的士兵，深深地感觉到"寒冷刺入骨髓……悲伤、战败和失望压垮了他们，而放弃、结束、死亡和虚无更是紧紧扼制着他们"。

到达勒阿弗尔后，莫泊桑写信给洛尔："我跟着溃败的部队一起逃命，差一点就被俘。我从先遣队跑到后卫队，为了传达军需官的一个指令。我足足跑了15古里（约6千米——作者注）啊！整个晚上，我都在为命令而来回奔波。任务结束后，我找到一个冰冷的地窖，躺在石头上睡觉；我的双腿已无完好之处，疼痛啃噬着我。不过我现在好多了。"几个月后，在写给父亲的信中，莫泊桑闭口不谈之前的狂言大话，也拒不承认普鲁士士兵曾让他遭受了极大危险，特别是几个骑兵追逐他一事。

1871年1月28日，巴黎投降，双方签署停战协定。2月26日，两国在凡尔赛玻璃长廊签订初步和约。3月1日，普鲁士军队开进空旷的香榭丽舍大街。随后，巴黎公社让这座空城燃起希望，直至五月流血周①最后的激战。当败北的法国一再蒙受屈辱时，莫泊桑在哪儿呢？他一直待在勒阿弗尔的后勤部门，还在埃特勒塔——他无法攻占的堡垒——偷得几日闲暇，就像以前在伊夫托那样。但莫泊桑每一次休假，谨慎的后勤军官都要求他获得埃特勒塔镇长的书面证明。

尤其让莫泊桑忧心的是他的前程：他被抽中服役5年，这就意味着直到1875年才可以退役！唯一逃避兵役的方法就是花钱雇人代服兵役。这是他的父亲正尝试做的，奈何费用太过昂贵。但无论怎样，雇或

---

① 指1871年5月21日—5月28日，巴黎公社的社员战士们，为了捍卫公社的胜利果实，与敌人进行了一周的激战，最后以失败告终。——译者注

是不雇，他都希望前往巴黎。不过，他面临两个阻碍：一方面，洛尔只要一想到炎热的夏季，埋葬在首都成千上万的尸体会引发霍乱就心生恐惧；另一方面，则是金钱问题。那么，服役期间住在哪儿呢？若是住在鲁昂的于勒祖父家，想必生活费不贵。但在巴黎，住在部队已绝无可能，因为"他曾见过太多太多的军营，实在可怕极了"。既然如此，他就得租一个房间："……除此之外，我具有去巴黎的一切优势——我可以攻读法律，参加 9 月第一场考试，然后安心开始第二学年的学习——作为一名士兵。但是，倘若我可以获得补偿，姑且假设，我每年在海军部赚 1 500 法郎，再加上 1 600 法郎的津贴，这样一来就有 3 100 法郎，这可是一笔可观的收入……"这种直觉让他避免重蹈路易·布耶不幸的命运，诚如他在《吉尔·布拉斯报》上撰写的关于诗人的专栏："他最大的不幸就是一直很穷困，或很晚才到巴黎。巴黎是艺术家们的养料，唯有在那里，他们脚踩马路，呼吸醉人的空气，才会绽放全部的芬芳。"

在经过多番波折和烦扰之后，莫泊桑最终还是找到顶替的人。1872年1月1日，他正式从兵役中脱身，但实际上要更早些——1871年秋。他必定感到轻松些了。然而，有关战争的回忆，历历在目的死亡幻影，面对无能政治的束手无策，所有这些残忍的事情总是纠缠着他。莫泊桑很难再相信人性，他把自己彻底的怀疑主义和拒服兵役的绝大部分原因归咎于战争。这是一个个人主义者，他反对专制，批判共和国和共和党人，拒绝民主体制和平等原则，认为"专制君主政体是一种暴行""限制选举是一种不公""普选是一种愚蠢"（《一个巴黎市民的星期天》）。莫泊桑更不可能任凭自己被官方奖赏而折节：他拒绝接受法兰西荣誉勋章。

从心理层面考虑，即使当时那个年代不了解"创伤后应激障碍"的概念，但也不难设想莫泊桑无法避免战争造成的创伤：焦虑、抑郁、嗜毒、自我封闭，痛苦记忆的闪现，对人群和公共空间的恐惧……1892年1月，他在企图自杀后谵妄发作，难道不是在召唤1870年的幽灵吗？莫泊桑对他的仆人说："弗朗索瓦，你准备好了吗？我们出发吧，战争已经打响。"弗朗索瓦后来解释："他让我发誓，万一法德开战，我誓死追随他左右；我们要携手保卫东部边境。在数次搬家期间，他把他的军籍本交托于我，生怕混夹在其他大量文件中。"

战争的打击是强力的催化剂，会对作家的职业生涯产生决定性影响。10年后，即1880年，战争似乎成了给予灵感的沃土，催生出了莫泊桑的第一部代表作——《羊脂球》。这部作品根据1871年1月《勒阿弗尔日报》上刊载的一则社会新闻改编，而莫泊桑当时还是后勤部的一名文书。报纸的一位读者目击了这起事件，并将它讲了出来。事件发生在从鲁昂到迪耶普的驿车上：在托特镇的小路上，一名普鲁士军官扣下马车，检查乘客们的证件。他在一个年轻女演员的通行证上耽搁许久,之后假借证件非法,强迫女演员跟他到邻近的小旅馆,而其他乘客则被勒令等待。直到第二天早上,女演员才痛哭流涕地再次出现在他们面前。

随后,20多篇同题材的文章、专栏和短篇小说相继问世,如《疯女人》《菲菲小姐》《两个朋友》《蛮子大妈》。尤其是清法战争后,莫泊桑在《吉尔·布拉斯报》上撰写了一篇极具和平主义的文章:"我们经历了它——战争。我们看到人类再次变得野蛮、疯狂,他们为取乐、为恐怖、为逞强、为出风头而大肆杀戮。权利已不再,法律亦已死,正义荡然无存。我们看到一些人枪杀路上遇到的无辜之人,只因那些人出于害怕而变得可疑;我们看到他们残害拴在主人门前的狗,只为了检测一把新手枪;我们看到他们扫射田间酣睡的牛,只为了取乐。无须任何缘由,只是为了几声枪响,只是为了笑笑而已……"

最终,战争也为他最后一部长篇小说——《三钟经》带去灵感，这是一部未竟之作，开始创作于1890年。1870年战争期间，一个怀有身孕的女人独自一人待在家族城堡里。普鲁士士兵侵占了这个房子，并对她百般凌辱。女人生下一个终身残疾的儿子。孩子长大了，爱上一个年轻的女孩，却徒然无果。这部小说已跳出了严格意义上的莫泊桑式的题材，我们在故事中的人物——伯爵夫人身上重温了莫泊桑曾体会到的情感。国家的溃败，"腐烂的尸体"挥之不散的幻象，都让他生出了无法抑制的恐慌，这种恐慌就掩埋在"血迹斑斑的雪白裹尸布"下。

战争一结束，前士兵莫泊桑就要投入另一场战斗了：不惜一切代价协调诗歌创作、法学学业和生计来源之间的关系。他的父亲居斯塔夫在这个问题上打着自己的小算盘，而这无疑激发了家庭内部的喋喋争论，终于在莫泊桑逗留埃特勒塔的那年冬天爆发了。祖父于勒的生意几近破产，其后果之一就是，他原本可以从鲁昂睦邻街26号的产业中提取5万法郎给他的儿子，可如今全成了泡影。居斯塔夫大失所望，其实早在与洛尔分居后不久，他就不得不转变原先食利者的身份而成为一名证券经纪人。战争期间，家族的生计完全没有着落。他要处处节省以度晚年，更不可能支付1 600法郎生活费以外的费用。好在他在位于巴黎国王街的海军部和殖民地部有一些关系，或许可以拯救长子的未来。1872年1月7日，也就是莫泊桑正式回归平民生活的第6天，为了谋得一份工作，他给海军部部长写了一封很认真但绝非热忱的信，然而得到的回答却是"没有空缺"。2月20日，莫泊桑尝试写了第二封信，这一次，在父亲的鼓动下，他全力以赴，极尽谄媚殷勤之功。"阁下，我诚挚地恳求您的恩典，它于我何等宝贵。我渴望留在巴黎继续完成因战争而突然中断的法学学业，我也将带着热情与严谨完成交付于我的工作。"莫泊桑的策略奏效了：一个月后，他的申请予以通过……只不过没有报酬。他了解到他将隶属于图书馆，接受科尔迪耶先生的领导，但因为是编外人员，他"或许要以临时雇员的身份等待很久，直至最终转正"。那时的莫泊桑定然不知道，他要为此忍耐两年。一直没有薪水。1872年春，他踏入了庄严的海军部办公大楼，其豪华大厅坐享协和广场、塞纳河畔和波旁宫构成的壮丽全景，与小职员狭小昏暗的办公室形成了极其强烈的反差。

一如内部评价的那样,莫泊桑修养良好,注重仪表,一开始的时候就被认为是"令人满意的优秀职员"。10月17日,他被任命为海军部人事司职员。他身无分文!每到了晚上,他在结束没完没了的工作回到家后,都要一遍遍地计算开支。莫泊桑住在蒙塞街2号1楼的一个房间,这是一个三层公寓,位于巴黎第九区布朗什大街的拐角处。后来,他向他的一个朋友莱昂·封丹提到了他的住处:壁炉,仅有的一扇窗户还是朝向阴暗的小院,橱柜上可以摆放一些洗漱用品以及用来准备简便饭菜的煤油炉,这是一方小小的狭仄天地。11月的一天,莫泊桑额外问居斯塔夫索要5法郎的照明和取暖支出,居斯塔夫拒绝了。为此,父子间发生了口角,莫泊桑决定新账旧账一起算。这天晚上,愤怒的莫泊桑先父亲一步给母亲写信,汇报了这次"激烈的争吵":"我客客气气地跟他解释这只是取暖的费用而已,我之前没有与他争辩过,他给多少就接受多少，可他却几乎少给了大半，这就是他一向的做派。"莫泊桑22岁，正是胃口极大的年纪：他抱怨每顿午餐只能吃一盘荤菜和一杯巧克力，若要吃得好，则"每天需要两盘荤菜，更何况小饭店提供的菜份特别小"……当话头讲到一日三餐的内容时，居斯塔夫彻底爆发了，他大声叱责，因为少了于勒的5万法郎，他实在无能为力。"我反驳他说这是他的错，所有的生意人都会同意我的观点。如果他早做打算，他至少可以拿到4万法郎。——他回答我：'对，你说的没错！但是，那是我的父亲，我要怎么对他是我的事。但是你，你无权妄测。'——我又答道：'嗳！你竟然这样说，那好，先了解一下你从来也不知道的事吧，那就是人类神圣法则的第一条：爱子女。不是光有父亲就够了。要是你的良心让你对你的孩子默不作声，若是万不得已，人类的法律会教你记住你的责任。"

莫泊桑摔门而去，母亲不在身边，他只能在写给她的信中寻找慰藉：他知道母亲会一直守护他，特别是在对抗父亲这件事上。后来，居斯塔夫埋怨，自从分居之后，洛尔极不情愿把孩子托付给他，孩子去他在巴黎的家更是"一年只有一次"。数年来，莫泊桑听惯了母亲的抱怨，也痛心母亲所承受的寂寞，便一心想让父亲产生罪恶感——父亲不懂这区区 5 法郎究竟意味着什么——他任凭自己沦落为弃儿，更唤醒了未来所有的焦虑抑或恐惧。

在信的末尾，莫泊桑像一名新上手的会计，精确地核对了各项细小开支的总和（煤，4 法郎；咖啡粉，0.6 法郎；30 顿午餐，36 法郎；灯油，5.5 法郎；洗衣费，7 法郎；肥皂，0.5 法郎）。沮丧的他还说，居斯塔夫偶尔大手一挥给他 5 法郎作为消遣之用，其中 4 法郎被他抽了烟斗（"廉价的、令人心酸的乐趣——很长一段时间，我不太可能有别的消遣方式"）。莫泊桑捉襟见肘，他羞耻地（也自觉不公平地）将他的窘迫与父亲 5 000 法郎的收入作对比，他细算着父亲要支出的费用（抚养费1 600法郎；服装500法郎；其他开支600法郎……）。接着，他告诉与他默契的母亲："他至少还剩下1 471法郎！暂且算他所有的家当吧！"面对昔日不忠的丈夫，洛尔早已与儿子心意相通。

月底的日子也不总是那么难熬。因为动用了父亲的关系，再加上莫泊桑表现优秀（他的"聪明、热情、衣冠整齐"得到了赞赏），1873年1月29日，他获得一个空缺职位，待遇是年薪1 500法郎，此外乘坐火车时也可享受不少折扣。在接下来的几年时间里，他不加节制地利用这种便利。1874年4月15日，海军部再一次向莫泊桑张开了双臂：他晋升为四等职员，年薪也随之提到1 800法郎。莫泊桑的新上司是51岁的吕诺先生，这位先生在埋头苦干27年后才刚刚走马上任。他残酷无情，是一个"了不得"的机关老手，也是莫泊桑未来的噩梦。年轻的莫泊桑先生有了自己的办公室。这间办公室与其余十几间一样，一边对着阴暗的走廊，职员们只要穿过迷宫一般的通道就可到达这里；另一边是高高的窗户，外面是浅灰色的院子。若要瞧见天空，那得紧贴着窗户才行。办公室内，左边有一个黑色大理石壁炉，壁炉之上是一面镜子，还有一扇门朝向隔壁办公室。直到1878年，这里都是莫泊桑工作的环境。

"知道这些业士，这些法学士能赚多少钱吗？某一天，因为对生活的无知，因为父亲的疏忽，再加上有高官作为靠山，他们以编外人员的身份进入部门工作。第一年只有区区1 500法郎或1 800法郎！此后每三年，他们可以获得300法郎提薪，到了50岁，甚至55岁的时候，每年最多也只能拿4 000法郎。……知道如今巴黎的泥瓦匠赚多少钱吗？一小时80生丁！也就是一天8法郎，一个月208法郎，一年2 500法郎。……随便哪个专业领域的工人又赚多少呢？一天12法郎，一年下来也有3 700法郎！……" 1882年，莫泊桑在《高卢人报》上发表了这篇题为"小职员"

的专栏，只要一有机会提及众多前同僚（据统计，人员数量达到了50万）那不为人知的穷困，他从不放过。初任小职员的那段日子，他很担心，他怕自己连实现愿望的机会都没有。物质贫困，精神同样贫困。愚蠢的工作跟他们的学业水平很不匹配，例行的陈规也讨厌得要命，罢工和反抗更是绝不可能的事情……"应该用黑字在楼门前写下但丁那句著名的话'你们进入此地，就丧失了一切希望'。人们22岁左右走进这里，一直待到60岁才离开。在这漫长的时间里，什么事情都不会发生。整个生命就在这同一间糊满绿色纸板的昏暗的办公室里慢慢流逝。"上午10点到下午5点，甚至更长的时间，小职员待在这个牢房里，远离了"日常的生活"和"街上灿烂的阳光"，更不可能"在田间信步流浪"。他和木匠、车工不一样，只能在办公室里日渐衰老。"他年轻时来到这里的时候，在镜子里照见的是自己金黄色的小胡子。可到了退休的那一天，他在同一面镜子里看到的却是白花花的胡子和光秃秃的脑门。好吧,结束了,生活关闭了,未来也封锁了。究竟为什么会落到这般田地呢?"

莫泊桑一直想到大自然中偷得浮闲,也渴望银行账户上可观的数字。为此,他将毫不犹豫地对积满灰尘的绿色纸箱、对平庸的交谈、对少得可怜的薪水、对半死不活的生命予以回击。到了19世纪80年代,曾为金钱困扰、生意不顺的作家莫泊桑终于得以翻身,他的小事业运转正常。成功降临在他身上,该轮到那些要以高昂的价格从他那里购买作品的报纸和出版社处境艰难了。他再也不缺钱,更不用精打细算地过日子了。埃特勒塔的别墅、南方的旅行、刚好被命名为"漂亮朋友号"的游艇;蒙梭公园附近,赛努奇宅邸(后改为博物馆)屋顶下的假面舞会;弗里德兰大道上,波托茨卡伯爵夫人在令人惊异的用大理石装潢的家中举办了著名的"马加比晚宴";蒙沙南大街,莫泊桑的家里香槟四溢,他悉心地招待一些风趣之人……一时间,莫泊桑因这些成功的表象而心醉神迷,为了维持这种有些招摇的生活排场，他要时时鞭打灵感的缪斯。

那些不幸的职员同僚在莫泊桑的作品中无处不在。这个年轻的诺曼底人走进首都巴黎的大街小巷，一天天地发现着部门职员、铁路职工以及地区商人，他观察着这个令他触动的可怜群体。1875年，在写给洛尔的一封信里，莫泊桑提到了他的文学计划，他透露自己要写"一系列短篇小说，总题为'小人物大不幸'"："我已经确定了6个题材，我觉得很不错。"这部文集最终没能问世，不过，微不足道、可悲可叹的主人公们却在他数量众多的小说中屡见不鲜：《一个巴黎市民的星期天》《一家人》《骑马》《遗产》《雨伞》《珠宝》《项链》……他们叫做郎丹、卢瓦泽尔，或者是又名"漂亮朋友"的乔治·杜洛瓦。杜洛瓦是北方铁路局的科员，他与小职员莫泊桑一样，年薪只有1 500法郎。主人公在小说中登场的时候——时间是6月28日——口袋里"只剩下3法郎40生丁把这个月过完",这就意味着"要么只吃晚饭而不吃午饭,要么只吃午饭而不吃晚饭,两者只能选一个"。当他的老战友弗雷斯蒂埃询问他在巴黎做什么的时候,他仅用一句话就概括了他当下的处境:"我已经穷得没饭吃了。"

为了走出穷困和烦恼,小说的主人公们无所不为,但是他们为自己的鲁莽付出了惨重的代价。本想偷窃死人的遗产,可死人却复活了(《一家人》);穷尽一生赔偿的珠宝只是赝品(《项链》);为了一时的虚荣享乐赔上了整个人生(《乡间一日》《骑马》)……还有更坏的结局:小职员长年过着监禁一般的生活,生气全无,别人的幸福是对他的一种暴力,对他造成了致命的打击。短篇小说《散步》中的勒拉老爹是一家公司的记账员,在一个春天的晚上,他想为40年如一日的阴暗生活注入一丝例外的快乐,于是决定绕道香榭丽舍大街,然后在凯旋门旁边的露天座上吃饭,饭后溜达溜达,一直走到布洛涅森林的入口。但是,到了那里，勒拉看到的只有络绎不绝的马车，马车里是紧紧依偎的情侣。"马车一辆一辆地过，情侣一对一对地过。他们躺在车子里，默默无言，紧紧搂着彼此，耽于幻想，耽于情欲，耽于因眼前的拥抱所带来的战栗。"他无法再回到自己那个家，那个孤独的房间。面对"贫苦，漫无边际的贫苦"，他突然有些倦了。第二天，人们发现了他吊在树上的尸体。

莫泊桑22岁了，他觉得文学可以让他摆脱如今的困境。他预感这一切要靠一个人来使之变为现实：伟大的作家居斯塔夫·福楼拜走进了他的生命，也将颠覆他的人生，在这之前，他们已经见过两三次面了。

到了晚上，莫泊桑逃出海军部的高墙大院，置身于巴黎的喧嚣和车水马龙之中。小职员们或拥向协和广场的双层马车，或涌入国王街，朝着由数根考林新式柱支撑着的玛德莱娜教堂走去，这里将成为《漂亮朋友》故事发生的盛大舞台。

蒙塞街的住所为莫泊桑打开了自由的大门，它所处的巴黎第九区远非漂亮的街区，而且人口众多，是如今的两倍之多，布雷达街（后改为亨利-莫尼耶街）上更是妓院云集，热闹非凡，漂亮轻佻的欢场女子来来往往，她们大多都有情人供养。后来，莫泊桑的朋友莱昂·封丹在《莫泊桑的住所》中提到，莫泊桑偶尔要忍受女人的香气："莫泊桑在海军部隔壁的小酒馆吃早餐时,玛德莱纳街区的一个女工就坐在他旁边。"年轻的小职员很讨巴黎小女人的喜欢,反之亦是如此。同样还是封丹,他在《居伊·德·莫泊桑的悲剧命运》中所刻画的莫泊桑的形象解释了一切:"他身强力壮,肌肉发达,头发浓密,微微卷曲,猎犬一般灵敏的鼻子闻嗅着,性感的嘴唇之上是红褐色的胡子,短短的下巴透着一股刚毅,黄玉似的眼睛熠熠生辉。此外,他思维敏捷,爱开玩笑,总是有一副好心情。"

当他没有去乡间或海边的时候,他就会整晚喝着小茶,在办公室遨游,写写新诗,然后在印着部门笺头的稿纸上进行修改。封丹补充道:"我和他熬了不少夜。在这个房间里,他任自己沉浸在拉伯雷的作品中,他很喜欢;他吟诵雨果、波德莱尔、路易·布耶的诗作,也正是布耶把诗歌的艺术传授给了他;他兴奋地阅读福楼拜的篇章,将之朗读出来反复推敲,当作是他亲自锤炼的诗作。"

年轻的莫泊桑在持续的文学热忱和他当下的担忧

之中汲取着灵感。有一天，因为不能给心爱的情妇送一份礼物，他勃然大怒：

> 倘若追随我内心祷告，
> 我愿将奉明珠于您脚下，
> 可是钱包扁扁！劝告我，
> 顺从心意前要先去倾听。
> ——《献上我的祝词》

还有一次，波德莱尔式的阴暗浸染了他，因此，他用几行令人胆寒的诗句勾勒了街上错身而过的一个女人的轮廓：

> 她的脸颊黏黏糊糊，汗水染脂粉，
> 她阴沉的眼睛睁开，愚蠢又无神，
> 她的乳房摇摇晃晃，下垂到肚腹，
> 她的下颌牙齿掉落，漆黑如幽潭，

> 丑陋的双唇微启，就是恶臭之源，
> 每说一句话，便会钻进你的鼻孔。
>
> ——《前夜街上所见》

福楼拜大概看过莫泊桑所作的诗歌。1871年到1872年间，莫泊桑路过巴黎的时候，都会近距离地走近这位大作家，当时他正专注于布耶最后的剧本《埃西小姐》的排演——最终在1872年1月6日登上奥德翁剧院的舞台——，也致力于出版已逝老友生前未曾发表的诗集《最后的赞歌》。1872年1月，洛尔迫不及待地给好友福楼拜写了一封信，谈论了莫泊桑对他新生的好感："莫泊桑对我讲了他上次在巴黎拜访你的事情，也让我体验了他在听到你朗诵可怜的路易·布耶生前最后的诗歌时的所有感受。他向我肯定，你时常考校他，他为此颇为自豪，他感觉自己成长了。我要感谢你为他，为这个男孩所做的一切。我深知，不只我一个人想起了过去的时光，想起了我们两个家庭亲如一家的那段日子。"

对追忆刻骨铭心的逝去青春,以及两个家族之间的关系,福楼拜定然不会无动于衷。当时,他感到很孤单,他曾对玛蒂尔德公主说:"把我紧紧包围的孤独,文学上的消沉,对同时代人的厌倦,高度紧绷的神经,已过半百的年纪,还有对未来的担心……现在,我觉得自己是一颗化石,一个再也没有理由存在于世的老头子。"在路易·布耶之后,于勒·德·龚古尔、圣伯夫[①]、泰奥菲尔·戈蒂耶[②]也相继离世。他的母亲也在1872年4月6日那天走了,年迈的福楼拜成了孤家寡人,一个人住在克鲁瓦塞的白色大房子里,房子对着横亘鲁昂与阿弗尔之间的河谷。自此之后,只

[①] 查尔斯·奥古斯汀·圣伯夫(Charles A. Sainte-Beuve,1804—1869),法国文学评论家。他是将传记方式引入文学批评的第一人。他认为了解一位作者的性格以及成长环境对理解作品有重要意义。——译者注
[②] 泰奥菲尔·戈蒂耶(Théophile Gautier,1811—1872),法国唯美主义诗人、散文家和小说家。他主张"为艺术而艺术"。——译者注

有他的狗陪在身边,看着他坐在工作椅上,看着他拿起"无数支鹅毛笔中的一支",《福楼拜和他的故居》《吉尔·布拉斯报》副刊放在产自东方的盘子里。福楼拜把他"高卢人宽大的脸颊"贴在窗户上,观看着窗外"缭绕的黑色煤烟,还有美国或挪威漂亮的三桅帆船。它们喘着粗气,好像被一艘小拖轮牵引着徐徐滑过他的花园"。(居斯塔夫·福楼拜,《回声报》,巴黎,1890年)

至于放逐巴黎的莫泊桑,尽管有了新的朋友圈子,尽管曾经遥远的父亲住在相隔咫尺的匹加勒街37号,尽管与洛尔之间的通信不断,他还是有些隐约的伤感,而正是福楼拜填充了这份空白。莫泊桑说,他是"唯一让我感觉到深深被爱的人,他的关爱成了一种对我才能的保护力量。他一直希望我能成为一个好人、一个有用之才,他把他所能给我的一切倾囊相授:经验、知识、35年耕作、研究,还有他那艺术家的狂热"。福楼拜之于莫泊桑,一如昔日阿尔弗雷德之于福楼拜:

"艺术道路上的启蒙向导,向他揭示了让人着迷的文学的奥秘"。

1873年初,在穆里罗街4号,也就是福楼拜暂居巴黎期间的住所。一个发现和一种感谢拉近了两人之间的关系,那是"一次拜访,在我与他的关系中起了决定性的作用,让我毕生难忘"。诚如阿尔丰斯·都德后来描述的一般,福楼拜的一个房间"朝向蒙梭公园,有着阿尔及利亚式的风格。他的花园透着高雅、神秘的气息,为窗户装饰上了绿色的遮帘"。在一派冰冷的色调中,福楼拜仔细打量着莫泊桑,然后嚷道:"看看,你多么像我可怜的阿尔弗雷德!"当莫泊桑说话时,这种感觉更是强烈:"他觉得我的声调很像我的舅舅;忽然间我看到他的双眼含满泪水,他站起身,身上穿着的那袭褐色宽大袍子像是一件道袍,将他从头到脚裹了起来。他抬起双臂,因沉湎往事而情绪激动,他声音颤抖着说:'拥抱我吧,我的孩子,看到你太让我激动了,我刚才以为听到了阿尔弗雷德的声音'。"

莫泊桑迫不及待地将这个激动的时刻、这个引发错觉的时刻告诉洛尔。1873年2月19日,洛尔向居斯塔夫·福楼拜传达了她的感激之情:"居伊每个周末都可以去您家,他觉得很幸福。你留他很久,你对他那么亲热、那么随和,在每一封信中,他一遍又一遍讲着同一件事:'最吸引我的房子,让我比在别处感到更惬意的房子,我一直出入的房子,正是福楼拜先生的家。'"洛尔急于了解这位老师对莫泊桑创作的那些诗的看法。为此,她先行一步,问福楼拜是否"除了才气,还有其他"。这让作家很为难。尽管他觉得莫泊桑"迷人""聪明",他看待莫泊桑就像看待一位"朋友(他总是让我想起我可怜的阿尔弗雷德!甚至有时候,当他垂下头吟诵诗歌的时候,我也会心生惶恐)"。可这有什么用呢?他不能冒险。因为莫泊桑的作品数量有限,他无法预测他的诗途,他觉得莫泊桑似乎"有些闲散,不太热衷于工作"。

在福楼拜看来，唯一的良方就是着手写作，"长期投入一部作品"。莫泊桑或许有才气，日后"持之以恒，他一定会拥有独创性，获得一种属于他个人的观察和感知的方式（这才是关键），最终必然取得成功，没什么了不得的！然而，人生在世，首要的大事是保持灵魂的高洁，远离资产阶级和民主的污秽。对艺术的崇拜令我心生无尽的自豪。这就是我的道德"。这也是陪伴、支持——甚至是困扰——莫泊桑在福楼拜这所"学校"内外学习的法宝。

福楼拜送给莫泊桑一句重要的箴言，即天才无非是"长久地忍耐"，莫泊桑铭记于心。后来，他在一部小说的序言中回忆道："在7年间，我写过诗，写过故事，写过小说，甚至还写过一部拙劣的剧本。如今这些都没有留下。老师一一读过我的作品，然后会在随后一个周末的午餐时做出点评，并悉心教授我一些创作的原则，这些原则是他长期耐心教导的高度总结。"

除了之后亲友以及居伊·德·莫泊桑本人的证实，1873年6月20日至1880年5月4日（福楼拜给莫泊桑写了最后一封信，四天后猝死于克鲁瓦塞），两人你来我往的通信同样也见证了他们关系的一步步发展，一如伊万·勒克莱尔①在给两人的书信做注时所呈现的那样。在阿尔弗雷德·勒·普瓦特万的庇佑下，福楼拜与莫泊桑成了一对拍档，他们既是师生亦是父子。然而，两人的亲密引发了诸多议论与猜测、流言与传奇，比如，人们一直相信他们之间存在真实的亲属关系。1893年10月1日，也就是莫泊桑逝世三个月后，洛尔与作家兼记者保罗·阿莱克西进行了一次对谈，她在聊到莫泊桑时脱口而出了"他亲爱的父亲"这个表述，而不是"福楼拜"，仅凭这一点，人们就用另一个名人居斯塔夫（即福楼拜）代替了居

---

① 伊万·勒克莱尔（Yvan Leclerc，1951—），鲁昂大学现代文学教授，福楼拜研究专家。——译者注

斯塔夫·德·莫泊桑的位子。围绕洛尔这一时的口误，人们杜撰了一出荒诞的父子戏码。甚至有一种论断认为莫泊桑的疯病正是遗传自福楼拜的癫痫症，主张这个论断的不乏一些名家大师，其中就有小仲马。有心之人仔细检查着两人的书信用语，推敲着洛尔的怀孕日期（在小居伊出生9个月前，福楼拜开启了他的东方之旅），并把这一切编成了一则稗史，甚而流传到了20世纪。此外，还有一些人，尤其是当时的记者们，则把莫泊桑写成是福楼拜的侄子甚至是教子。后一种描述无疑更接近——至少是象征性地接近——事实的真相。毕竟莫泊桑是福楼拜的密友——阿尔弗雷德的外甥，也是某种意义上阿尔弗雷德的"转世"。

年轻的莫泊桑深受福楼拜的教诲，作为交换，他充当起了福楼拜殷勤的管家，他把指定的报纸寄给"亲爱的老师"。当福楼拜特别要求时，莫泊桑还亲自为他传递一些小道新闻（比如，1879年，福楼拜问他"可以告诉我屠格涅夫的消息吗"）或替他捎信给那些令人恼怒的出版商（"若你没有别的事可做，那就穿过舒瓦瑟尔街，找到勒梅尔，告诉他……"）。从最初结识时的"我亲爱的小友"到最后时日的"心爱的""我的好孩子"，莫泊桑在福楼拜的生命中一直占据着重要的位置。在写作《布瓦尔和佩居榭》——1875年莫泊桑在恩师的鼓励下朗诵了第一章节——的时候，福楼拜急需了解一些重要的资料，于是指派他的爱徒奔波各处进行采访。既然莫泊桑在海军部工作，那他就能把抄写员的工作记录下来提供给福楼拜。莫泊桑将埃特勒塔刻在心上了吗？在一封长达好几页的信里，他对这座海滨小镇做了精确的测绘，还用鹅毛笔画了精美的素描并一一加以说明。不过他做的这些只是白费力气，对此，福楼拜是这样评论的："你的资料非常完备……但是太过复杂了。"这有什么关系！正如1874年洛尔在写给福楼拜的信中所言："……徒弟是属于老师的！"

莫泊桑可有选择？若没有福楼拜，谈何未来？若没有福楼拜,如何离开海军部的囚笼?他要学会听从、努力和吸引。他一直遵循着恩师每个周末在穆里罗街为他呈上的如饕餮一般的创作原则。后来,莫泊桑在《论小说》中对这些原则作了一番详述:首先,"要相当久地且相当集中地注视你想要表达的东西,以便从中发现一种还未曾为人所见或所言的面貌",换言之就是要发挥出独创性;其次,记住一点,每个生物、每个物品都是独一无二的,要用寥寥数语将之与众不同的特点描绘出来。"他对我说,'当你经过一个坐在自家门前的杂货商,一个抽着烟斗的看门人,或路过一个出租马车的驿站,请你把这个杂货商、这个看门人,以一种不会使我把他同任何别的杂货商或任何别的看门人混淆的方式描绘于我,并且请用一句话让我知道,这匹出租马车的马与它前后五十匹别的马之间有什么不同'"。很久以后,1885 年,大明星莫泊桑给年轻的作家莫里斯·沃凯尔去信并指导他:"跟我谈论一粒石子、一根树干、一只老鼠、一把旧椅子就能让我啧啧称奇的人，必然会走上艺术的道路，驾驭更重大的主题。"换言之，他的（传递）使命完成了。

为此，莫泊桑践行恩师关于风格的观点。1880年，莫泊桑在《从书信看居斯塔夫·福楼拜》中写道，福楼拜崇尚"字词必不可少的和谐"，"当一个词组，即便在他看来不可或缺，若发音不能达他的意，他也会立即寻找另一个，深信自己没有掌握'真正的、唯一的词组'"，他对纯音、"像诗一样富有韵律的文体"以及对"腔调）的捕捉有近乎执念的苛求。

福楼拜去世一年后，莫泊桑在《高卢人报》上撰写专栏"一年回忆"以作缅怀，专栏重现了作家在圣奥诺雷街240号写作时的状态。福楼拜裹着那袭褐色便袍，胡髭下垂，清亮的眼神紧紧盯在纸上。"他带着一股执拗在工作，写下，划掉，再写，再改，空白处填得满满当当，文字上全是删除线。因大脑疲劳的缘故，他长嗟短叹，活像一个锯木工人。有时候他把纸拿起来，举到眼睛平视的高度，然后支着手肘，用他那尖锐又响亮的声音大声朗诵。他听着散文的韵律，似乎为了捕捉一个一闪而过的音色而停下，他谐和声调，避开元韵，准确地放置逗号，把它们当作漫长道路上的停歇：因为思想的停留要与句子的结构保持一致，同时也要对应节奏的停顿"。

不过，处在创作阶段的莫泊桑还没有醉心此道。在追寻美的道路上，他绝不会如福楼拜一般狂热。他大概天性粗野（1881年，他在写给情人波勒·帕朗-德巴尔的信中这样说道："我是一头熊，多瑙河畔的一个农夫。"），还愤世嫉俗，迷恋其他的乐趣，不会成为第二个福楼拜——"除了在书籍里，永远不会体验别的幸福"的隐士。他不会将毕生献给神圣不可侵犯的文学。

关于星期日在福楼拜家求学的片段留下的文字记

载虽然不多,但是在互通的书信里,着重画线的字词、谆谆的告诫还有对文本的分析,无不证实了大师的审慎。承袭阿尔弗雷德·勒·普瓦特万的无人称叙事的主张(1857年,福楼拜曾写道:"艺术家在他的作品里,应该像上帝在他创造的世界里,处处不见却全知全能。"),要求在作品的构思中做到和谐(提纲的重要性,记叙、对话和间接文体之间的平衡),猛烈地驱逐令他不喜的内容(庸见,粗鄙,过多的从属连词,重复——即便中间隔了好多行,离题,违背谐音规则,元韵)。福楼拜的这些教导达到了目的。莫泊桑于1876年10月寄给卡蒂勒·孟戴斯的一封信便是珍贵的证据,后者是《文学共和国》杂志的主任,刚刚刊登了莫泊桑撰写的一篇关于福楼拜的文章并对文章做了一些不恰当的修改。信上写道:"诚然,他批评我最多的是,'immense'(无限的)在隔了两行后再次出现,使用'fille'(女孩,妓女)这个词指代'catin'(婊子),尤其是因为我省略了屠格涅夫的名字①而造成的元音的连续'son ami Ivan'（他的朋友伊凡）。他对类似这样的东西绝不能容忍——因为一些重复以及一时无法规避的插入语的滥用，我受到了他不少训斥。"

在福楼拜的严格把关下，受到直觉驱使的莫泊桑寻找着摆脱困境的出路。1873年9月，忧郁吞噬了他。在埃特勒塔结束愉快的假期后，他回到巴黎，对海军部烦闷的日常灰心丧气。23日晚间，他只身待在蒙塞街，那股熟悉的焦虑翻涌而上，他写信给他的母亲："我觉得失落、孤独、极度气馁，因此不得不跟你讨要厚厚的几页书信。我一个人坐在桌前，看着眼前燃烧的惨淡油灯，总得度过一些孤苦无望的时刻，我不知道向谁倾吐。"他将从文字中得到拯救。他刚刚读完阿尔丰斯·都德最新的小说，这部小说让他产生了

---

① 屠格涅夫全名为伊凡·谢尔盖耶维奇·屠格涅夫（法语：Ivan Sergueïevitch Tourgueniev；俄语：Иван Сергеевич Тургенев）。
——译者注

一个想法:"我刚刚写了一些类似《星期一的故事》的东西,权当是一点消遣。我把它寄给你,仅仅一刻钟的功夫我就写完了,自然也没什么别的用意。不过,我还是恳请你看完后回寄我,因为它或许可以派上别的用场。"这是莫泊桑第一次提到创作短篇小说。

几个月后,即1874年初,一封写给卡罗琳·科芒维尔的信透露出莫泊桑也在尝试戏剧。他在收到卡罗琳的晚宴邀请后回信道:"您对我的小小剧本产生兴趣,我万分感激。至于让我亲自朗诵,我可不敢,您知道,我读得'非常糟糕'。对一个作家来说,让他口齿不清地读他创作的东西真不是什么愉快的体验。"

卡罗琳和她的家人住在克利希街的私人住所,距离蒙塞街街尾不远,当时,她和莫泊桑恢复了联络,因此还记得那个时候的事情。在《过去的时光》中,卡罗琳刻画了新手作家鲜明有趣的形象:"居伊·德·莫泊桑是一个漂亮的小伙子,中等身材,肩膀略宽,头颅隆起，其轮廓会让人联想到一个年轻的罗马皇帝。他对所有的体育活动都十分热衷，对自己有一点在意，最起码他把自己照顾得周到细致，收拾得干净大方。一天，他在和几个看起来衣冠楚楚实则暗藏污秽的朋友闲谈的时候，开玩笑似地说出了这样一个提议：'我们敢不敢当众拖鞋呢？'随即他便这样做了。面对他的风趣，朋友们都无法笑得出来。"

莫泊桑在那个时候写的剧本只留下了一些断简残篇以及几个戏剧人物，这些人物要么夹在两个情人间，要么迷上无足称道的妓女。1874年年底，莫泊桑就完成了他的第一个剧本——《往昔的故事》，福楼拜当然反复读过它了！这是一部独幕诗剧，莫泊桑本想在快活歌剧院组织的评比中将此作品奉上，然而直到1879年它才最终得以上演。像福楼拜以及去世的布耶一样，莫泊桑对剧本这种体裁产生了兴趣，并将一直持续多年。对那些雄心勃勃的作家来说，戏剧可以为他们开启一条通向财富和声誉的快速通道。

莫泊桑没有就此放弃诗歌。其中一首题为《一场诱惑》的诗在 1880 年出版的《诗集》上发表,它让我们隐约看到了莫泊桑另一种生活的色彩:不久前,他被塞纳河深深吸引,沉浸于"青涩的干草味道""新鲜的海水气息"以及女人的"白色衬裙"中。

写作当然是必须的！创作，修改，进步。但是也要生活。在20岁的时候，尽管是诗人，尽管心怀壮志，那也不能以艺术的名义隐居沙漠。莫泊桑抵达巴黎的时候身无分文，只得满足于这座城市提供给他的乐趣，比如，白天或晚上，徒步穿行一些新的街区。十七年异乎寻常且饱受争议的巨大改造①将巴黎摧毁、整顿并重建，之后，奥斯曼眼中的这座首都重新焕发了生机，即便仍然有一些乱糟糟的工地。当莫泊桑从家里出来，沿路而下走到布朗什大街，就可以看到圣

---

① 拿破仑第三时期，由塞纳区长官奥斯曼男爵主持的巴黎改建规划，旨在缓解城市迅速发展与其相对滞后的功能结构之间的矛盾。——译者注

三教堂，右边再远一些是不断扩建的圣拉扎尔火车站，它是当时巴黎最重要的火车站，也是莫泊桑日后逃离的通道。穿过奥斯曼大街：巴黎春天百货公司占据了整个街道并一直延伸到普罗旺斯路，它像触手般向四周扩展，如同10年后左拉在《妇女乐园》（1883年）中描绘的那样。再然后，走到奥贝尔街的尽头，就可对加尼叶歌剧院庞大的外形戏谑一番，它被一些脚手架遮掩着，一直到1875年才建成完工，成了拿破仑三世风格的象征和典型。让他无法转移视线的还有一座更庞大的建筑，那就是法兰西喜剧院，如今一条笔直的大街直抵这里：拿破仑林荫大道（1873年被更名为歌剧院林荫大道）到路易大帝街的道路中断了，到了1879年才被打通。作为《如死一般强》某个情节中奢华的、致命的背景，这个"涂了色的神殿"在1886年10月19日发表的专栏中被一再提及（"世界上低劣的建筑品位最完整的样板之一"）。此外还有其他同样让人厌恶的失败建筑，比如，为了1878年万国博览会而建的特罗卡德罗,尤其是使人厌烦的埃菲尔铁塔,这个"可怕的铸铁尖塔",像极了"一个患上谵妄症的锅匠的一时恶魔般的举动"。

巴黎,上演爱情与死亡的剧院,激起了他的兴趣或反感,他全部的作品都可以反映出这一点。日暮时分,凯旋门将它"巨大的黑影勾勒在天际灿烂的背景上,仿佛站在大火中的一个巨人"(《散步》),预示着勒拉老爹悲惨的结局。不过,当"巴黎似乎被春天包围","沐浴在植物的汁液中,宛如披上绿衣的森林"(《约会》)之时,在如此晴好的天气,城市激荡起欲望。莫泊桑像其他人一样,轻佻女子或社会名流、贵族或平民、职员或艺术家,任凭自己置身人声鼎沸的林荫大道:1884年,他在专栏"林荫大道"中写道,"从3月到6月,这是世界上唯一的一角之地让人们觉得自己在肆意体验着一种积极又闲散的、真正的巴黎生活。头戴黑帽的人群在玛德莱娜教堂和巴士底狱之间穿梭,不绝于耳的嘈杂声像是河水流淌的声音,慢慢升腾,直至消失在春天轻薄的空气中。"1845年,巴尔扎克在他的作品中曾说过,这是一条热闹非凡的交通干线,它之于巴黎就如同大运河之于威尼斯。不久后,"漂亮朋友"同样选择了林荫大道为沮丧的生活注入一丝快乐。在喝下一大杯啤酒之前,他先是欣赏了一番露天座无尽延伸的壮观景象:"宽敞的咖啡馆里挤满了人,座位都摆到了人行道上,一众顾客置身在灯火辉煌的门前,明亮的光线映照着他们。他们坐在小方桌或小圆桌前,桌上的玻璃杯里盛着红、黄、绿、棕等各种颜色的酒。长颈大肚玻璃瓶里的透明的、圆柱形的大冰块闪闪发亮,冰镇着纯净的清水。"

在卡皮西纳大道和肖塞-昂坦街的拐角处,闲逛的莫泊桑抬起双眼,看向新建的滑稽歌舞剧院的女像柱。1872年,维克托里安·萨尔杜创作的戏剧《拉巴加》在这座剧院上演并获得了巨大成功;阿尔丰斯·都德的《阿莱城姑娘》曾在这里惨遭失败,然而乔治·比才的配乐成名了。1874年，福楼拜的《候选人》受挫，演出四场后惨淡收场，至于莫泊桑，他终究未能把自己的剧本搬上这里的舞台。不过，巴黎很小，文人的圈子更小，更何况他有福楼拜作靠山。莫泊桑因此而结识了都德，后者与左拉、屠格涅夫、埃德蒙·龚古尔是星期天出入穆里罗街的常客。这些名流为他打开了风靡一时的沙龙的大门，之后，在奥斯曼大街134号让人咂舌的中二楼，他对乔治·比才的寡妇——改嫁律师埃米尔·斯特劳斯——大献殷勤。他从这位聪明又颓废的热纳维耶芙·斯特劳斯以及其他几位上流社会女士身上获得灵感，塑造了《我们的心》的主人公米歇尔·德·比尔纳。一些年后，马塞尔·普鲁斯特又以热纳维耶夫为部分原型，构思了作品中的人物——盖尔芒特公爵夫人。

拿破仑咖啡馆、里奇咖啡馆、托尔托尼咖啡馆、金屋餐厅还有其他一些餐馆流光溢彩，点缀了巴黎的夜晚。资产阶级的女性和半上流社会的女人在这些地方擦身交错,她们身穿时髦的大裙撑,像只飞蛾一样挺着胸脯。让·贝罗,当时的画家、专栏记者、莫泊桑日后的朋友("最迷人的幻想家"),懂得到处捕捉她们以充实他的画布:塞纳河畔和教堂里纤细的腰身,以及安全的女士小帽,艺术桥上微风撩起的衣裙,和平路帕坎夫人①店的女学徒,歌剧院的优雅女士……

从他身边路过的身影让莫泊桑慌了心神:"他口袋空空,血液翻腾,与那些在街角转来转去、窃窃私语的女人接触让他兴奋。'俊俏的小伙子,您来我家吗?'可他不敢跟她们去,因为付不起钱。他还期待别的一些东西,一些不那么粗鲁的亲吻。他喜欢妓女云集的地方,她们在的舞厅、咖啡馆还有街巷;他喜欢和她们接触、说话,彼此用你相称,喜欢闻她们刺鼻的香水味道,让自己感觉靠近她们。"

---

① 让娜·帕坎(Jeanne Paquin,1869—1936)是20世纪初期法国时装界享有盛誉的设计师。——译者注

在莫泊桑居住的地区，要想见到"裹着各种布料——从一般的棉布到最精细的细亚麻布——的青楼女子"，只要朝蒙马特走去，就可以推开黑球宫（即后来的蝉鸣剧场）或蒙马特爱丽舍的大门，他于1889年创作的短篇小说《戴假面具的人》就是以后者为背景展开的。香榭丽舍这一侧：在当时还只是一派乡野风光的蒙田大道上，莫泊桑或许在马比勒舞厅①（第一部短篇小说《剥皮的手》曾提到过）仿建的小树林里碰过运气。不过，1875年，这家舞厅就熄灭了它全部的3 000盏煤油灯。林荫大道这一侧：他穿过人头攒动的女神游乐厅，那是"供姑娘们玩乐的场所"，也是乔治·杜洛瓦发现弗雷斯蒂埃经常光顾的地方。《壁橱》中的一个叙述者因为害怕独自过夜，决定去女神游乐厅。他看到一些"没精打采的女人，说她们

---

① 舞蹈家马比勒先生于1831年创建的著名舞厅，整个舞厅使用了3000盏煤油灯提供照明。——译者注

胖不如说油腻，要么这儿浮肿，要么那儿瘦巴巴的"。在这当中，他看上了一个"不算年轻，不过颇有点姿色、有趣、撩人的"娇小女人。

很快，莫泊桑将在田园气息浓郁的一些地方迷倒一些女人。1873年，他在海军部领到了第一笔薪水，还可以享受火车票七五折的优惠。于是，由于缺少新鲜空气、身体锻炼和新的感觉，年轻的莫泊桑只能跑到巴黎城外透气，特别是塞纳河上。火车头喷出的青烟笼罩了圣拉扎尔火车站（1877年，莫奈在这里支起了他的画架），在其巨大的玻璃顶棚下，莫泊桑从一个紧跟工业化步伐的世界抵达另一个几乎完好无损的、蔚为奇观的纯净自然，尽管污染已经开始滋生。在离开巴黎城之前，他也许抬起双眼看了看位于巴蒂尼奥勒区布尔索大街的建筑。漂亮朋友杜洛瓦住在这条街上，他从房间里看着驶向巴黎西面的火车，渴望着逃离。

一开始，莫泊桑选择了划船游玩者们的天堂——

阿让特伊，那里水域广阔，粼粼波动的水面倒映出白色的帆船。一年前，莫奈就住在这座小镇上，他抓住一些感觉创作了《阿让特伊的帆船》，他是印象派运动的领头羊，随后，雷诺阿、马奈、卡耶博特、西斯莱、毕沙罗纷纷加入。在一个名叫"小水手"的城郊咖啡馆里，年轻的船手莫泊桑和他的朋友莱昂·封丹租了一个房间。最幸福的时光由此呈现在他面前。40岁的时候，他在短篇小说《苍蝇》中提到了关于这段"既充满力量又无忧无虑，既快乐又贫穷，犹如节日那般喧腾吵闹的生活"的回忆："往来于巴黎的办公室与阿让特伊的河流，生活那么简单美好，又那么艰难。这十年来，我深深的，我唯一的，我全部身心的迷恋，就是塞纳河。"他一周有好几次会坐《流动商贩》中提到的"小职员火车"去阿让特伊，车上净是些赶着回家的机关职员："我的小快艇等着我，它蓄势待发，准备在水上疾驰。我奋力地划动船桨，吃饭要么在贝宗或夏都，要么在埃皮奈或圣-图安。之后，我再回去把船放好,晚上披着月光走路回巴黎。"

莫泊桑和围在他身边的伙伴们早上射击,白天划船,紧接着,他会度过生命中那些"最最疯狂的夜晚"。"芦笋部落"(阿让特伊盛产芦笋,因此也被称作芦笋之城)包括5个"混混",他们在加入这个小团体的时候就有了新的别称:莱昂·封丹,绰号"小蓝头","十分机灵",他和莫泊桑在埃特勒塔就认识了;罗贝尔·潘雄,总是戴一顶黑色的无边高帽,因此绰号是"高帽子",他"聪明、懒散",拒绝划桨,是莫泊桑在鲁昂上高中时的同学;阿尔贝·德·茹安维尔(Albert de Joinville),因其名字的首字母缩写是ADJ,所以也被叫作哈吉(Hadji),《苍蝇》中提到了他的另外一个绰号"独眼龙"(他经常戴着单片眼镜),他"瘦长,风雅,十分注意仪表";一个外号"托马霍克"的家伙(至今未能证实他的身份),他"高大,神态粗野";最后是约瑟夫·普吕尼埃,也就是莫泊桑本人。根据路易·弗雷斯蒂埃①的观点，约瑟夫·普吕尼埃这一别名很有可能是"约瑟夫·普吕多姆"和"亨利·莫尼耶②"的缩合，前者是象征资产阶级愚蠢的文学人物，后者是这个文学人物的创作者。还有一些"喽啰"围绕着"芦笋部落"这几个名人来来去去，比如别称"舍内"的画家莫里斯·勒卢瓦尔，再比如又名"若·梅尔"的插画家博莱拉，普吕尼埃那些言辞粗俗的信给了他很多灵感。更别提那些在他们周围打转的女人们了，她们自愿委身，成为划船活动的一部分甚至更多。因为有了这些小妮子、小猫咪、小心肝，水上的生活染上了不一样的色彩："在船上，要有一个女人才行……她让人兴奋，让人快乐，让人刺激。她的红伞轻轻掠过绿堤，成了一种装饰。"她

---

① 路易·弗雷斯蒂埃（Louis Forestier, 1892—1954），法国人，担任俄国及苏维埃电影摄影指导，后终生在俄国度过。——译者注
② 亨利·莫尼耶（Henri Monnier, 1799—1877），剧作家，漫画家，插图画家，演员。——译者注

们比巴黎街头花枝招展的女人更生动、更有趣,其中不得不提的就是文学里的明星人物——苍蝇①,在什么疯狂事都干得出来的男人窝里,这个"冒失随便的姑娘"将会长期占据"舵手"和情人的位置。最常见的是,那些愚不可及的、喝得醉醺醺的姑娘只在船上待了一个周末,就被以"倒胃口"这一由头打发走了。莫泊桑解开缆绳,任凭小船随波漂流。

1873年秋,在埃特勒塔结束忙碌的假期后,小团体分成了两队。因为船只出租人加拉雄的任意妄为,这几个狂人只好告别阿让特伊,奔向夏都,那里离蛙塘和富尔奈斯饭店不远,七年后,雷诺阿正是在此完成了画作《船上的午宴》;至于普吕尼埃,则花费大量时间在写作上,他更愿意住在塞纳河上游,于是仍是和"小蓝头"在贝宗的普兰饭店租了一个房间,饭

---

① 莫泊桑小说《苍蝇》中提到"独眼龙"带来一个名叫苍蝇的女人。——译者注

店的招牌上写着"水手鱼和油炸鱼,单间包房,小树林和秋千"。1874年4月,福楼拜写的《圣安东尼的诱惑》出版,莫泊桑在其中一些章节里发现了克雷皮蒂斯①的存在,用封丹的话说,这是一个"古老的鲜为人知的小神,聒噪且嗓门洪亮",于是莫泊桑立即将他们的小团体更名为"克雷皮蒂斯神社"。在这个肠胃胀气之神的"恶臭的庇护"下,他们继续策划一些荒唐可笑的新奇体验。后来据封丹回忆,莫泊桑充分发挥了他的创造性,施展了"高卢式闹剧和故弄玄虚的创作本领"。

监督一条新帆船的建造同样考验着他的大胆好斗。新帆船是他和"小蓝头"共同买的,命名为"埃特勒塔号",莫泊桑自称是一片"海洋"的统领。安装帆布、甲板,准备船桨,上漆,各道工序在实施的

---

① 克雷皮蒂斯(Crépitus),古罗马文明中的厕神,也有人说是通便神、肠胃胀气之神。——译者注

时候统统成了难题，为此，莫泊桑请求他的表哥（画家路易·勒·普瓦特万）负责监工，他则提出用他所拥有的唯一的珍宝来报答表哥："我会说服居斯塔夫·福楼拜举荐你。"（当时路易正打算在沙龙上展出一幅画。——作者注）除了"埃特勒塔号"和不久后得到的小船"让兄弟"，还有一条"有点笨重的多桨快艇，好在牢固、宽敞、舒适"，它可是整个船队的宝物，名为"玫瑰花瓣号"，这个诗意的名字其实是性行为"舔肛"的俗语表达。在《苍蝇》中，快艇将被更名为"树叶号"，而"看树叶的背面"①——富有诗意的俚语、有关情爱的隐喻——就是那些在这条快艇上匆匆来去的女乘客的命运。莫泊桑后来回忆："我们在船上笑着，似乎以后永远也不会再笑了。"

莫泊桑不愿减少生活的乐趣，仍不加节制地纵情

---

① 法语原文为"voir la feuille à l'envers"，其词源是：两个恋人做爱，当一人仰卧时，抬头就会看到头顶的枝叶。——译者注

作乐、夜夜笙歌。1875年8月,"小蓝头"收到一封印有海军部笺头的信。在信里,"约瑟夫·普吕尼埃,贝宗以及周围地区的划船人",拉伯雷式激情狂欢的崇拜者,先是说他吞下了数不清的美酒,继而又描述了他25岁生日之时(1875年8月5日)举办的那场疯狂的盛宴:"高帽子这个老混蛋可不习惯我们庞大固埃式的豪饮,他的瞳孔开始晃动,又怪异,又叫人恼火……倏地一下,他倒在地上,一动也不动。给他擦,给他洗……让他躺下。他在床上念着祷告,说着醉话……不一会儿就睡着了,鼾声如雷,整个晚上还不停地放屁……到了第二天,一切照旧。"抵达贝宗后,普吕尼埃又"拖着一条大得吓人的船从贝宗到了阿让特伊,甚至手掌皮都蹭在了船桨上(这条大船上还有两个美貌的妓女)。"

的确,当地舞厅里不乏待价而沽的妓女,更别提位于克鲁瓦西岛的蛙塘了:在《保罗的女人》中,莫泊桑写道:一个"巨大的木排""散发着市场的假意殷勤和卑鄙无耻"，上面挤满了大嚷大叫的酒客、放荡的游泳者、香汗淋漓的康康舞女郎。莫泊桑和《伊薇特》中提到的红发姑娘们擦肩而过、保持距离。那些姑娘"眼睛勾人，嘴唇通红，醉眼微醺，一出口就是满嘴秽语"。他像小说里的主人公保罗（参议员的儿子）和塞尔维尼（伊薇特出众的求爱者）一样，一直都保持着"他身为一个出身高贵的男人应该具有的本能，即便是在堕落的时候"。

　　泛舟塞纳河，享受划船的独特乐趣，这是莫泊桑真正的"狂热"所在，这触发了他莫名的新感受。登船仪式让他快乐，小快艇如女人一般精致，让他快乐。他曾在《乡间一日》中写道："这两条船船身狭长，闪闪发光，并排靠在那里，就像两个又瘦又高的姑娘，真叫人想趁着轻柔美妙的夜晚或夏天明亮的上午在水上疾驰。"他暗自欣赏自己"因锻炼身体而四肢柔软"让他舒服，痛苦到极致也让他快乐——肌肉紧绷、心跳加速直至昏厥。

在塞纳河畔，莫泊桑挣脱了巴黎的桎梏，他身上动物性的那一面苏醒了。他写信给波勒·帕朗－德巴尔："我爱女人的肉体，我爱青草、河流和海洋，这两种爱是相同的。"他独自一人在船上，"沁人肺腑又叫人感伤的诗意似乎从植物里、从某些东西里弥漫开来"，扰乱了他的心神。他感受到了"不受束缚的猛兽的冲动"，经历了无比欣喜的时刻，而全身心地亲近大自然总是带给他这种欣喜。他向热纳维耶芙·斯特劳斯吐露，他有一些"强烈的、短暂的、单纯的、肉体的愉悦，一些只会感知不会思考的脱缰野兽的愉悦"。

然而，晨曦的美好和月亮的皎洁只是镜花水月，与河水的粼粼波光一样让人迷惑。因为水既孕育生命，也酿造死亡，"既是甘液也是毒药"。莫泊桑写了不少溺水者和溺水自杀的故事（《保罗的女人》《溺毙者身上的一封信》等），他不会忘了河水具有两面性："美丽、平静、瞬息万变又臭气熏天的河水""充满了幻想和污秽"（《乡间一日》）。这一年，他头一回产生了一个隐秘的想法，他在《苍蝇》中证实：河流——闪闪发光的水面掩盖了死亡和腐烂——赋予他"生活的意义"。灯火渐熄，梦想幻灭，誓言破碎。诚如50年后加缪在《反与正》中所写的那样，没有对生活的绝望，就没有对生活的热爱。

作为对矛盾情绪的说明，短篇小说《在水上》就讲述了情绪的矛盾可能会造成的恐惧：主人公孤身一人待在船上，河面升起的薄雾包裹着他。他被吓坏了，茫然不知所措，只能蜷缩在船里。他感觉他的"双脚被拽向这黑幽幽的水底"，薄雾似乎要贪婪地将他吸入那不实之境，甚至蛊惑他产生了以死解脱的念头。

1875年7月29日，莫泊桑给他的母亲写了一封信，信中说："我划船，游泳；划船，游泳。老鼠和青蛙总能看到我手提灯笼走到船头,它们纷纷来向我道声晚安。"他还提到了他当时的计划:把划船时那些最精彩的故事写成一本"真实有趣的小书"。这本合集最终没有问世,不过,莫泊桑将在这一年出版他的第一部作品。

冬天和坏天气也无法阻挡划船者们在蒙塞街重聚。他们拿出了橱柜里的折椅，摇晃着装满潘趣酒的长颈大肚玻璃瓶，一起把酒作诗。莫泊桑特意为自己定做了一个书柜，还有一张四柱大床。他对他的母亲说过，床上装饰着"极其精美且完好无损"的雕刻，他一直都很喜欢古代家具和小件古玩。他还因此做过一件疯狂事，就是每个月给他的父亲居斯塔夫寄10法郎的汇票。这张床将陪伴他终生，直到他最后位于博卡多尔街24号的卧房。1891年，他对他的仆人弗朗索瓦说："它给了我无数酣然安眠的夜晚，又有多少小说是我每个早晨在热乎乎的床上、在鸭绒被里酝酿的……"神圣的床是血缘、亲密、性欲和死亡的象征，将在他的作品中多次出现。在《一生》中，"虽然高大却不失雅致"的床是雅娜在城堡里的慰藉。在短篇小说《床》中，主人公对床致以敬意：它见证了"一些生命在这四根柱子之间、在这人物壁毯下面……它目睹了那么多的事情"。在《隆多里姐妹》中，旅行者只要一想到钻进旅店里的一张床就会激起一阵恶心（"夜里有人在里面干了什么？"），他说出了对床如此感激的原因："我珍爱我的床胜过一切。它是生命的圣殿。……在那上面，我们找到了生命中最甜蜜的时刻，爱的时刻和睡眠的时刻。"

一张签着莫泊桑名字的漫画可以让我们对"老古董"有一个大致的印象，漫画呈现了那些来到他家的划船者们在看到天花板上一只晃动的鳄鱼时目瞪口呆的样子。事情的缘由是这样的：1875年，莫泊桑的表哥路易·勒·普瓦特万从讷伊的某个阿波罗纳·勒利厄那里继承了一个小纪念物，他请莫泊桑帮他去拿，而莫泊桑又委托朋友罗贝尔·潘雄替他跑一趟。潘雄的讷伊之行可真是一段不可思议的经历：继承人费尽辛苦才清理了堆在不幸的阿波罗纳身上的那些不值钱的旧物。在写给路易的一封幽默诙谐的、连环画式的信里，莫泊桑提到了这件事：

"估值：

一头从空心前齿到包皮末端全身长达 2.5 米的老凯门鳄：0.5 法郎；

一杆老步枪：1.5 法郎；

一根熏咸鲱的脊髓：0.1 法郎；

一个坎加鲁扇贝：0.05 法郎；

一根剑鱼骨：0.1 法郎。"

此外，还有一个拐杖、几支箭和别的几个可怖的东西。由于无法把这些东西寄给身在鲁昂的路易，最后只好都放在蒙塞街。

不过，这段小插曲并没有缓和这对表兄弟之间紧张的关系，他们之前已经因另一份不那么"可笑的"遗产而互生嫌隙。自前一年的秋天（即 1874 年秋）

以来，祖父于勒·德·莫泊桑的身体越来越差，终于在1875年1月15日撒手人寰。莫泊桑和他的弟弟埃尔维参加了葬礼。居斯塔夫早前被他的父亲于勒坑了5万法郎，再加上他担心有人向他索要欠债，于是假借身体有碍，拒绝在他父亲临终前去探望，并且放手让莫泊桑处理纷乱的遗产问题。3个月后，父子俩发现，蒙受了阿尔弗雷德部分遗产损失的路易为了收回他的欠债私下做了一些不太光明的小动作，他自己也意识到他的行为因此让他的姑父居斯塔夫——所有的债主都不会满意——失去了讨回债务的希望。路易使用了不正当的手段，但更让他们愤怒的是，路易的生活排场可比被迫以工作谋生的他们要优渥得多，或许这就是鲁昂的这位自信十足的路易让他们感受到的。一天，路易不知道该怎么处理贝朗热的一幅画着年轻居斯塔夫的油画，于是在他的表弟莫泊桑跟前抱怨。莫泊桑发作了，提醒他不要忘了由于他的过错导致自己的卧室里堆满了杂七杂八的东西："那个神圣的凯门鳄,我不得不把它挂在天花板上,这让我在我接待的每个人面前都丢尽了脸;那些鱼骨,我只能白天把它们放在床上,晚上再挪到扶手椅上。现在你竟然来威胁我要把贝朗热的画送到当铺,你可是有整整一座房子啊!"

显然,他只能依靠自己的力量踽踽前行,除了福楼拜给予的支持,他不再对人心有任何幻想。

这一年,莫泊桑正式开启了他的文学生涯,他已经考虑了许久。目睹一部作品被印刷、被加上印记;坦然面对着手写作的艰辛,把它当作是跟随老师踏上的这条漫长道路上的一次喘息;然后也赚一点小钱。他的一个朋友——加布里埃尔·拉法耶,不久前在《巴黎日报》刊登了一部短篇小说《达尼埃莱》,莫泊桑觉得"非常出色"。1874年10月底,烦恼的莫泊桑把这部小说寄给母亲,并请母亲帮他"找些短篇小说的题材":白天,他可以在海军部挤点时间写作,晚上则要用来写他的剧本,并尽力"让它们在随便哪个报纸上得以发表"。

前一年,"小蓝头"也写了两部文学作品,刊登在不知名的《季风桥年鉴》上。1875年,莫泊桑紧跟莱昂·封丹的步伐,发表了他的作品,即《剥皮的手》。这是他的第一个出版物、第一部荒诞短篇小说,不过之后再也没在别的文集中出现过。小说的主题是关于他曾在鲍威尔的家具拍卖会上买下来的一个奇特的物件——可怖的剥皮的手,它将一直跟随着莫泊桑。书中的主人公为了吓退债主,把人手系在了拉铃绳上,莫泊桑虽然没有这样做,但是每次搬家也都会带上它。1883年,这只可怖的手启发莫泊桑创作了另外一个让人毛骨悚然的、更为晦涩复杂的版本《手》。后来,根据弗朗索瓦·塔萨尔的回忆,人们在位于蒙沙南街的公寓的浴室里找到了它。还有一件逸事:一天,他养的小猫咪皮萝莉被这个物件吸引,把它弄到了水里,莫泊桑大嚷大叫:"怎么,你竟然把莎士比亚的手掉在了我的浴池里!"

在1875年的版本中，那只可怖的手"黢黑，干瘪，长长的，似乎已经萎缩了"，属于一个被判处了死刑的恶棍。它被赋予了超自然的生命力，一直折磨着主人公，直到疯狂，直到死亡。莫泊桑之所以选择玄怪题材作为其文学之路的起步，是因为这种题材在当时很受欢迎，《霍夫曼的故事》和埃德加·爱伦·坡的《怪异故事集》的大获成功便是证明。为此，莫泊桑同时代的作家广受启发，比如巴贝尔·多尔维利、维利耶·德·利尔-阿达姆。关于断手这一不怎么新鲜的主题其实早在1852年就已被热拉尔·德·奈瓦尔[①]搬到他的故事《入魔的手》之中了。

莫泊桑是在诺曼底故事的熏陶下长大的。1828年，他的外祖父保罗·勒·普瓦特万被一个充满魔力的传说折服了。那是16世纪的一座庄园，庄园里的一个

[①] 热拉尔·德·奈瓦尔（Gérard de Nerval，1808—1855），法国浪漫主义诗人、散文家。——译者注

房间有一只黑羊出没,这只黑羊总是纠缠住客。这一切吸引了保罗,他放话敢在那里睡觉。黑羊出现在他的面前,对他说:"倘若你和你的后代看管这片产业,幸运将长伴你们!"于是保罗买下了庄园。还有一些其他超自然的故事的素材:和表兄弟们在伊莫维尔和布尔南比斯科后面的田野散步;和水手、当地的小孩或者和他的女佣约瑟芬闲谈,这些人都可以为平凡的想象注入养分让其变得神奇。此外,在埃特勒塔的大海和悬崖上还盘桓着数百年的幽灵:在"少女之房"(又称"三姐妹岩")被处死的三个年轻姑娘、奇迹般地从"人洞"脱险的遇难水手、9世纪为逃脱维京人的恶爪而命人建造教堂的漂亮夫人……总之,对物神的崇拜其实也是对多尔芒西的乡村小屋和鲍威尔的冰岛传奇故事的追忆。

不过,比起当时有利的文化环境,莫泊桑的玄怪小说更多的是从他对世界的看法中挖掘其本质。在他看来,神秘是内在的,超自然不会突然闯入现实,而是当一个人的精神被无法解释的现象所困扰，或者因焦虑而导致分裂时才出现的。在新人作家稚嫩的文本——《剥皮的手》中，除了神秘的手本身之外，莫泊桑式的"不安"还不易被察觉，它与害怕、孤独、疯狂和死亡紧密相关，并浸入了整部作品。之后的《在水上》（1876年，原名为《在船上》），以及从1882年开始陆续创作的《恐惧》《出现》《他？》《孤独》《疯子？》《一个疯子》无不再现了"不安"这一心理状态，《奥尔拉》（1886年第一版，1887年第二版，第二版更有名）更是将其表现得淋漓尽致。《奥尔拉》的主人公饱受另一个入侵他、占有他的不明生物——超自然、邪恶、神秘——的摧残，故事体现了莫泊桑最欣赏屠格涅夫的地方："无法解释的害怕是一种令人心碎的感觉，仿佛来自另一个世界的气息。"（《论玄怪》）在这部小说中，莫泊桑深入地刻画了意识的分散以及困在孤独和疯狂中的自我的毁灭。而6年后，作家在布朗什的私人医院离世，或将引发一段围绕他而展开的经久不息的故事：患上谵妄症的作家从内部描写了一个产生幻觉的、日渐衰老的大脑引发的痛苦。据塔萨尔所言，作家本人其实早已预料到了这种反应，他曾对塔萨尔说："我今天把《奥尔拉》的手稿寄到巴黎了；一周之后，你将会看到所有的报纸都会发文称我疯了。随他们的便吧！毫无疑问，我的精神很健康，在写这部小说的时候，我很清楚自己在做些什么。这是一部充满幻想的作品，它将会让读者震惊，让他们背脊发寒、毛骨悚然。"如果当时莫泊桑就已经疯了，那他肯定会默不作声。事实上，一切都发生在1891年，也就是他去世两年前，精神错乱迫使他永远保持沉默，在他41岁的时候。

那是一个科学进步和金钱至上的时代，玄怪小说渐渐褪去了幽灵的外衣。那是一个陷入了世纪末幻灭的世界，叔本华的虚无主义先后说服了福楼拜和他的弟子。在这样的背景下，人们对灵魂未探索的地带以及通向那些地带的方法产生了浓厚的兴趣，从而为神秘提供新的养料。借《埃尔梅太太》的叙述者之口说着"疯子们吸引我",莫泊桑去参观疯人院和精神病院(时至今日,还有一些人怀疑他在萨尔佩特里厄尔慈善医院让·马丁·沙尔科①的课堂上频繁出现),也将醉心于在催眠状态下进行的医学实验,以及诸如皮克曼(《在海滨浴场》中的人物)或多纳托(《动物磁气》中的人物)等极受欢迎的催眠大师。这些催眠师拥有一个巨大的宝库,掌握着看不见的魔力、心灵感应力和电磁学奥秘。此外,他以一种更切身的或者说更医学的方式来观察麻醉剂的功效,为了治疗神经病和偏头痛,他把麻醉剂当作止痛剂使用,比如《梦》中提到的乙醚、《伊薇特》中的氯仿。不过,要注意的是:他第一次使用这种溶剂的时间被证实晚于小说面世的时间。

---

① 让·马丁·沙尔科(Jean-Martin Charcot,1825—1893),19世纪法国神经学家、解剖病理学教授。——译者注

精神错乱同样引起了埃拉克利斯·格洛斯博士的兴趣，即同名中篇小说《埃拉克利斯·格洛斯博士》中的主人公，这部小说的写作始于1875年，然而直到作家死后很久才出版（1921年）。尽管其主题是灵魂转世（灵魂再生到另外一具人体、一个动物或一株植物身上），但是相比起玄怪文学，它更像是一部诙谐小说，还特别集合了颇具影响力的文学印记，诸如伏尔泰的《老实人》，福楼拜的《布瓦尔和佩居榭》和《圣安东尼的诱惑》。也不要忘了他的舅舅阿尔弗雷德·勒·普瓦特万就曾在《贝利亚尔的一次散步》中探讨过灵魂转世这种题材，莫泊桑很可能早已读过了。

1875年，诗人莫泊桑还将在一个全新的刊物《两个世界的文学、科学、艺术以及工业画刊》上相继发表他的三首诗作。第一首诗登于1月9日，涉及当下的论题，即《恐惧》。第二首名为《恐怖》——后收录于1880年的《诗集》——的诗则唤起了毫无缘由的恐怖（比《奥尔拉》早11年探讨这一主题），它紧扼着那些落入了黑夜、孤独，以及正在靠近的、令人不安的未知的人们：

> 恰如一些被暴风雨拍打着的鸟儿，
> 我的思想打着转，因恐怖而发狂。
> 死亡的汗滴冰冻了我的每寸肢体。

在发表《剥皮的手》的时候，莫泊桑罕见地使用了"约瑟夫·普吕尼埃"这个别称。之后，作为文学上的笔名，他先是署名"居伊·德·瓦尔蒙"，这个笔名冠上了他的一位先祖的名字，同时也让人联想到了《危险的关系》①的主人公。继而是"魔鬼的大锅"——埃特勒塔悬崖下一座村庄的名字，他在专栏

---

① 《危险的关系》（*Liaisons dangereuses*）是法国作家拉克洛创作的长篇书信体小说，描述了巴黎社交圈红人梅特伊侯爵夫人和瓦尔蒙子爵这两位情场老手的追逐与诱惑的故事。——译者注

"埃特勒塔"中的署名。再后来是"莫弗里涅",源自巴尔扎克小说中一个恶毒的女主人公,他在1885年之前于《吉尔·布拉斯报》上刊登作品时曾用此笔名。

若非遇到划船这种不可抗力的情况(福楼拜给他的好友拉波特去信:"我上周日没有见到小居伊,他和两个划船的人在贝宗,打算卖力地挥桨弄舟。"),莫泊桑都会跑去穆里罗街继续他的课业。居斯塔夫·福楼拜为他亲爱的弟子打开了好几扇大门。1875年2月28日,初出茅庐的莫泊桑结识了极具魅力的埃德蒙·德·龚古尔。在龚古尔的《日记》记录的一次谈话里,莫泊桑的名字也跃然出现在了福楼拜招待的众多大有来头的宾客之列。他们在谈论斯温伯恩的诗歌,突然,都德嚷道:"对啦,有人竟说他是鸡奸者!还讲了一些他去年在埃特勒塔暂居的时候做过的荒唐事……"

莫泊桑接过话头:"传言比这要早多了,已经有好几年了吧。那个时候我跟他打过一点交道……"

福楼拜:"但事实上,你不是救过他的命吗?"

莫泊桑回答:"也不全是。我在海滩上散步,听到一个溺水男人的叫喊,我就进了水里……"

之后的事众所周知,龚古尔也在《日记》中做了详述,很显然,他认真听了这个年纪轻轻的讲故事者的叙述。莫泊桑已经懂得如何抓住听众的耳朵,尽管如此,他在文学方面还是十分平庸,那时的他只满足于享受他最了解的两个事物:塞纳河和女人。接下来的一个冬天,受福楼拜之邀,保罗·阿莱克西也加入了龚古尔、屠格涅夫、都德、左拉等人参与的聚会。后来他回忆了和这个"脸色红润、奔放坦率的"年轻人的第一次见面:"话锋一转……大家谈到了女人。莫泊桑站起身来,像是一匹听见炮声后微微颤抖的战马。他要讲一个发生在他身上的有趣的故事。在这样的一群作家中间,他口若悬河,有着对他这个年纪来说惊人的威信,他让在场的人都陷入了他的魅力中……"甚至是年轻的作家莫泊桑刚刚认识的左拉——莫泊桑对左拉把《莫雷教士的过失》一书寄给他一事而真诚道谢——也记住了他的发言:"中等个头,背阔腰圆,肌肉结实,表面平静。他是一个了不起的划船者,作为乐趣,他一天可以在塞纳河上划20古里。他也是一个骄傲的男人,讲了几个让人目瞪口呆的荤段子以及几次大胆的艳遇,把福楼拜逗得哈哈大笑。"

为了博得福楼拜开怀一笑,莫泊桑竭尽所能,就像孩子为了取悦家长而故作滑稽。当时,福楼拜的境遇不是很好:科芒维尔家族面临破产危机(他要卖掉克鲁瓦塞的住处吗?),无法让布耶的戏剧《女人》在滑稽歌舞剧院上演,癫痫复发……在写给好友布雷纳夫人的信中,作家哀叹:他的眼前"漆黑一片,郁郁寡欢,有他在身边,乌木也染上了玫瑰红"。

"好色的年轻人"有了一个想法。他和潘雄合写了一部"绝对淫秽"的剧本——《玫瑰花瓣,土耳其人之家》,这个剧本将把福楼拜拉入一场熟悉的、充满共鸣的奇遇:一对资产阶级夫妇本想找一家不错的旅馆,却误入妓院,由此经历了一连串荒诞淫秽的闹剧。至于演员方面,则充分挖掘了莫泊桑等一帮划船者的才能:拉法耶和"小蓝头"扮演博弗郎盖夫妇,若扮演一个靠妓女养活的男人,莫泊桑和哈吉扮演卖淫女,进化论者潘雄十分灵活地串演一个淘粪工和一个退休的船长,全剧一共以上七个人物。至于别名侍者"鸡冠"的画家勒卢瓦尔则负责布景和服装设计,他在伏尔泰沿河街上有一个小画室,剧团就在那里演出。他后来回想起前来参加排演的福楼拜的身影:福楼拜一边诅咒着,一边费力地上楼,"在二楼脱下了他的外套,三楼脱了礼服,四楼脱了坎肩",到了六楼,"只剩下法兰绒内衣,光着的粗胳膊上搭着他的衣服,还戴着一顶大礼帽"。4月18日,福楼拜劝说屠格涅夫观看第二天的演出:"戏剧棒极了!你一定会非常尽兴!"几天前,莫泊桑对福楼拜的朋友埃德蒙·拉波特发出邀请,他明确表示:"只接待20

岁以上的男人和失去童贞的女人。豪华的包厢将为神圣的侯爵先生预留。"这部剧怎么能不让福楼拜欣然微笑呢？它的剧名让人想到了《情感教育》里使人堕落的"土耳其女人开的妓院"，人物莱昂让人想到了《包法利夫人》，孔城听上去跟永镇①相似，淘粪工荒唐的工作则是对"小男孩"——福楼拜和阿尔弗雷德·勒·普瓦特万曾一起创造的人物——在闹剧酒店和粪便盛宴上经历的种种奇遇的呼应。那是福楼拜全部的青春啊！

遗憾的是，莫泊桑创作的其他戏剧就显得逊色多了。1876年春，《一次排演》遭到了雷蒙·德朗德②的冷然拒绝，理由是"太精良"的剧目不适合滑稽歌舞剧院，然而莫泊桑可没有相信这个托词。

---

① 永镇（Yonville），又译荣镇，福楼拜长篇小说《包法利夫人》中的地名。——译者注
② 雷蒙·德朗德（Raymond Deslandes，1825—1890），法国记者、剧作家、滑稽歌舞剧院院长。——译者注

在塞纳河上和埃特勒塔度过的喧闹的夏季给莫泊桑带来了快乐，8月5日，他在船上迎来自己25岁的生日，可是这些都没有减轻返回巴黎工作的冲击。他一想到冬天就全身发冷，焦虑压得他无法喘息，9月3日，他给母亲写信发了一通冗长的牢骚。办公室上司吕诺的情绪束缚着他，巴黎的臭气和糟糕的生活方式侵染着他。他痛斥恶劣的季节："我刚刚瞧了一眼杜伊勒里宫；树上的叶子已经掉光了，倏地一下，一股冰雪的气息似乎向我扑来；我想到了燃烧的煤油灯，想到了敲打玻璃的雨水，想到了严寒……"一个月以后，冬日幽灵再度来袭："12月可把我吓坏了，这是黑暗的月份，阴郁的月份，深不可见的月份，是一年当中的午夜。"在这期间，他常常想方设法逃到大自然中去，试图耗尽全身力气，以达到通过运动缓解焦虑的效果。他在他的朋友莫里斯·勒卢瓦尔的陪伴下徒步穿过了谢弗勒斯河谷："15古里，要是你愿意，可以说成是60公里，也就是70 000步！我们的脚都磨烂了。"这是内啡肽①分泌过多还是自吹自擂？不管如何，他为了自己确实走了太多的路。

莫泊桑还有另一重担忧，他知道洛尔将要在一种"绝对的孤独"中过冬："我想象着，在您将独自熬过的那些漫漫长夜里，您伤心地梦到了远在他方的人，梦醒时分，心中又难过又失落……"她的小儿子是一个"野孩子"，完全不配合母亲为了他的中学会考所做的任何尝试，后被送到了巴黎德博夫先生的寄宿学校。不过全都是白费力气罢了，来年春天，埃尔维应募加入轻骑兵第12兵团。

返回巴黎后，莫泊桑失去了另一个常去的坐标：悠然的穆里罗街。因为缺钱，福楼拜不得已离开那里，搬到了位于奥尔唐斯王后大道——后来的奥什大

---

① 内啡肽（Endorphines）是人体内产生的一类内源性的具有类似吗啡作用的肽类物质，具有镇痛功效以及其他生理功效，被称为"快感荷尔蒙"或者"年轻荷尔蒙"。——译者注

道——拐角处的圣奥诺雷街240号6楼。福楼拜和他的外甥女卡罗琳住在同一幢楼的同一楼层，透过窗户映入眼帘的是一排排灰色屋顶的城市风光。压抑的福楼拜中断了《布瓦尔和佩居榭》的写作，直到1877年《三故事》出版后才续写完成。

　　以前，莫泊桑一人艰难生活。他告诉洛尔，他把火苗挪近蜡烛的时候烧到了自己的胡子："我赶紧用手灭火，然而一头已经烧起来了，蹭到了我的胡子……"后来他又扭伤右肩，勒卢瓦尔的一幅画便是佐证。终于有一天，他觉得心脏跳得厉害，于是去看了巴黎的拉德雷·德·拉沙里埃医生，医生说并无大碍，只是"轻微的器官扩张"，并建议他适度划船。无论事实如何，专程前来巴黎会见医生的维尔日妮姨母就是这样告诉洛尔的。当时，姐妹俩想起她们的兄弟阿尔弗雷德的心脏病仍心有余悸。1876年3月，莫泊桑写给潘雄的信让我们知道了他的病情其实不轻，他的心脏"让他承受了很多痛苦",溴化钾、洋地黄、砒霜、碘化钾、秋水仙酊剂等等所有的疗法都无济于事。之后他又去看了"大师中的大师"波坦医生,医生诊断说是尼古丁中毒:"它竟然对我造成了这么大的影响!为了不再看到那些烟斗,我把它们全都给扔了。"这个小插曲是病魔即将袭来的最初的迹象,也隐隐暗示着谵妄症的逐步发展,同时预示了莫泊桑即将经受的漂泊以及错误的疗法,直至最终受尽折磨。

"下个礼拜天,你把你写的两个剧本《巨人》和《大胡子女人》带过来,我要给一位夫人看。她是我的朋友,她觉得大俗的事物也具有美术鉴赏力。屠格涅夫一再跟我提起这两部令他痴迷的佳作。"那段时日,莫泊桑在艳情诗上下足了功夫,不过只有第二首较为有名。诗中的讲述者出于好奇邀请大胡子女人到他家做客,于是女人装扮成一个年轻的美男子应邀来访。她的出现使得宾客出现了同性恋爱的幻觉,激起了"女人靠近男人时才有的战栗":

没有乳房,没有肚子——一个男人,

一个洞……

她黢黑的大胡子覆在了我的胸膛;

她的面具以怪异的方式嘎吱作响;

我以为我正被一个男孩子亲吻!……

《大胡子女人》是一首带有恋畸形癖和恋物癖的诗作,赢得了福楼拜的一位女性友人苏珊·拉吉耶的啧啧称赞。这个女人或许就是福楼拜曾在信中提到的那位——她是一个 43 岁的很有威望的胖妇人,原先是一个演员,后来改行做了有歌舞杂耍表演的咖啡馆的歌者,因为佯装正经而鲜少为人关注。潘雄成为最先得知这个女人的形象的人:"欧洲第一位故作庄重的做爱能手。她风趣聪明,脱口就是一些极其淫秽有趣的故事。她来我家过了几次夜,我也去过她家。她爱我,不过她肥硕的肚子让我觉得恐怖,因为据我估算，她的肚子里至少可以装得下像我这样的三个人；万一我掉下去呢？……"还有别的三个女人也得到了莫泊桑各个方面的生动评论。他的文学抱负表现得多么明显，他的性欲就有多么强烈，他的焦虑也就多么浓重。某种程度上，作家的轮廓日益浮现，动物性也随之大发。

作品陆续出版。莫泊桑试图在《民论报》①上发表《小皮埃尔奇遇记》——可能是《西蒙的爸爸》（1879年）的雏形——但是失败了。到了1876年3月10日，《在船上》在《法兰西公报》上得以刊载。1881年，故事被重写、改编，然后以《在水上》为题收录在《泰利埃公馆》文集里。莫泊桑也在竭力撰写一部诗剧，"将让所有的夫人都为之哭泣"。这是一部既催人泪下又具有戈雅①风格的变奏剧目，名为《最

---

① 《民论报》（*L'Opinion nationale*）是从1859年至1874年在巴黎出版的一家法国日报。——译者注

后的逃离》，讲述了两个老情人之死，这部诗剧是献给苏珊·拉吉耶的，后者若能当众朗诵的话就妙极了。

学徒莫泊桑不只得到了福楼拜的谆谆建议，也让阿尔丰斯·都德为他敞开了大门，短篇小说《在船上》的出版就是得益于都德的帮助。莫泊桑时常造访都德居住的玛莱区帕韦街的拉穆瓦尼翁饭店——如今巴黎市立历史图书馆所在地——，爬上"不规则的、绝妙的三层楼梯"。1893年，都德在《巴黎回声报》②的《插图增刊》中回忆："他每次都会带给我一个短篇故事或一二百行诗句，请我'让它们出现在某个地方'，我觉得他没有和福楼拜提过这些事情。他的两三部短篇小说应该是在《法兰西公报》上发表了，我不知道用的哪个笔名……绝没有什么能告诉我莫泊桑是一个

---

① 弗朗西斯科·何塞·德·戈雅－卢西恩特斯（Francisco José de Goya y Lucientes，1746—1828），西班牙浪漫主义画派画家，画风奇异多变。——译者注
② 《巴黎回声报》（Écho de Paris，1884—1944），创建于法国第三共和国时期的日报。——译者注

璀璨的人物，是我们中间强劲的蒸汽机。"然而，他的眼神有时也让都德担忧，那是一双"内向的、游走的、捉摸不透的眼睛，如树枝状的玛瑙一般，吸收了光芒，却不放射光芒"。

慢慢地，莫泊桑在他周围的这群大人物中有了一席之地。在寄给潘雄的一幅画里，小居伊的身影出现在巨大的福楼拜、屠格涅夫和都德跟前。他尽管渺小，却也算跻身其列了。在他面前摊着一本书或者一些诗歌，他读给他们听。此外，还有一首诗将让莫泊桑名声大噪。他告诉潘雄："我用韵文写了一个剧本，它将让我一炮而红，获得大诗人的美名。本月20日，诗剧将被刊在《文学共和国》上……"

福楼拜把一首题为《水边》、署名居伊·德·瓦尔蒙的诗歌寄给了作家卡蒂勒·孟戴斯。只此一个举动,福楼拜就凭借他的盛名为他的弟子敲开了三扇新的大门:不久前,围绕勒贡特·德·李勒[①]、泰奥菲尔·戈蒂耶、泰奥多尔·德·邦维尔[②]、莱昂·迪耶尔斯[③]等人,孟戴斯创建了巴那斯派社团;孟戴斯刚刚创办了一个新的杂志——《文学共和国》;还有孟戴斯在布鲁塞

[①] 勒贡特·德·李勒(Leconte de Lisle,1818—1894),法国巴那斯派诗人,他写了三部诗集:《古诗》(1852)、《野诗》(1862)及《悲诗》(1884)。——译者注
[②] 泰奥多尔·德·邦维尔(Théodore de Banville,1823—1891),法国诗人、作家、剧评家,主要作品《人像石柱》《短歌集》。——译者注
[③] 莱昂·迪耶尔斯(Léon Dierx,1838—1912),法国巴那斯派诗人、画家。——译者注

尔街组织的沙龙,莫泊桑将在这里扩大他的交际圈。

真想不到,莫泊桑的这首诗竟让他赢得了一片赞誉,诗歌讲述了"两个年轻人由于不断地做爱而死亡的故事"。如果说孟戴斯觉得莫泊桑"颇具实力",那么时任杂志编辑部秘书的亨利·鲁容则对诗的内容大惊失色,此人后来成了朱尔·费里[①]的私人秘书、法兰西学院院士,他觉得"主题庸俗,隐喻浮浅,韵律粗糙,韵脚分散,文笔马虎"。尽管如此,他也承认诗里面蕴含了"极致的天赋"。人们在沙龙上谈论这首诗,读过诗的左拉也说:"我们甚至都不怀疑莫泊桑是不是确有才气。我们非常熟悉他专为男人而写的几部诗剧。不过,在这一题材上干劲十足是一件轻而易举的事情。同样让我们惊讶的是,在他发表的诗歌《水边》里,足见他一流的功底,一种难得一见的

---

① 朱尔·费里(Jules Ferry,1832—1893),法国共和派政治家,曾两次出任总理。1879年至1883年间,数次担任法国公共教育部和美术部部长。——译者注

既简单又扎实的笔法，还有一股已成气候的作家的气质。"这是不是在预示着1880年《羊脂球》的横空出世呢？

莫泊桑的社交多了起来。无论福楼拜陪伴与否，他都可以在杂志编辑部与当时的几位知名作家交流攀谈，诸如维利耶·德·里尔-亚当①、弗朗索瓦·科佩②、莱昂·克拉代尔③、斯特凡·马拉美，以及比他小两岁的保罗·布尔热。在布尔热看来，莫泊桑"人如其诗文一般有力"。亨利·鲁容则回想起他和莫泊桑在孟戴斯家的会面，他说莫泊桑是一个"没有经验的水手，圆脸通红通红的"，那么，在这样的面孔下，究竟藏着什么样的作家呢？"我们很自然地想象着失

---

① 维利耶·德·里尔-亚当（Villiers de L'Isle-Adam, 1838—1889），法国象征主义作家、诗人、剧作家。——译者注
② 弗朗索瓦·科佩（François Coppée, 1842—1908），法国诗人、小说家。——译者注
③ 莱昂·克拉代尔（Léon Cladel, 1835—1892），法国小说家。——译者注

眠、消化不良以及神经错乱会体现在作家的面容上。然而，莫泊桑，或者说当时的莫泊桑，丝毫没有一丁点神经症患者的样子。他的面色和皮肤活像一个被风蹂躏过的乡下人，他的声音仍保持着讲方言时的缓慢节奏。他只想在野外奔跑、运动，还有在周日划船。"

除了福楼拜的教导，莫泊桑的交谈仅限于"收集粗俗下流的逸事趣闻"和"狠狠臭骂海军部职员"。他总是"面带微笑，彬彬有礼"，还特别地谨慎。"说实话，他很少讲话，也不怎么吐露心声，更是只字不提他自己的计划。"当被问到"为什么除了诗以外不写写别的东西呢"的时候，莫泊桑回答："没什么可急的，我尚在了解我的职业。"从某一时刻开始，他明白了塞纳河痴迷者这副面具既是他提升自我的一种方式，也是他抵挡厌恶之人的最佳武器。莫泊桑有心隐藏自己。随着成功而至，他的这种不动声色愈发地坚定。流畅的、清晰的文风掩盖着一个让人难以捉摸的作家。1885年，他像往常一样在蒙沙南街布置考究的寓所里接待了他的朋友乔治·德·波尔托－里什①，后来，乔治提到了莫泊桑"谨慎的、经过再三思量的谈吐"，形成对比的"客气的招待"与"多疑的"眼神，以及他对同僚的漠不关心："他不属于任何一个集团，也不站在任何一边……他每年赚6 000法郎，从不过问别人的事儿。"他的挂虑？"以防上当受骗，他手里拿着左轮手枪。"1889年，隐隐意识到需要控制一切的莫泊桑对波托茨卡伯爵夫人坦露："我太多疑，太不坦率，太喜欢观察，也太能克制。"

1876年6月20日，他迎来了新的成功：《文学共和国》刊登了他（署名：居伊·德·瓦尔蒙）的三首诗歌：《恐怖》（改自诗歌《恐惧》，曾于1875年发表）《一缕阳光》《雪夜》。当然啦，他很讨人喜欢，不过该如何估量福楼拜在其中发挥的作用呢？

---

① 乔治·德·波尔托－里什（Georges de Porto-Riche，1849—1930），法国剧作家、小说家。——译者注

若没有任何推荐，投寄给报社主编的、署着莫泊桑名字的作品价值几何呢？莫泊桑曾亲自把讲述老情人之死的《最后的逃离》寄给了《两个世界画刊》的负责人夏尔·比洛，后者拒绝了他，似乎在说他的作品一文不值。不久后，洛尔道明了被拒的个中缘由，莫泊桑的诗与"'画刊'习以为常的古典形式"相去甚远。好在《文学共和国》还是于 9 月发表了该诗。独立指日可待。

一天，福楼拜对孟戴斯大肆指责，一是因为孟戴斯问他讨要《心的城堡》最新的章节而不谈任何报酬，再则是因为，他在《文学共和国》上看到了一篇抨击他的朋友欧内斯特·勒南的文章，这让他如鲠在喉。为此，他在写给莫泊桑的一封信里下了断论：应该"远离报纸杂志"。若没有福楼拜，年轻的莫泊桑不会拥有如此宝贵的资源，然而他不想因此而放弃。

莫泊桑结交了新的圈子，也将更换新的住址。1876 年夏，莫泊桑忙得不可开交，一边耽于"和一个胖女人在船上淫乱作乐"（诚如福楼拜告诉左拉的那样），还在埃特勒塔待了许久（或许是因为洛尔的健康状况）。之后，他好不容易抽出时间从蒙塞街搬到了克洛泽尔街17号，一个装饰着老式三角楣的面积不大的普通两居室（一个门厅，一个卧室，小书房，一个小小的厨房），光线也不是很好。不过，只需穿行500米就能抵达布雷达区，置身于一些不三不四的旅馆以及艺术家工坊中。莫泊桑的住所多半是通过他的父亲居斯塔夫得到的，父亲当时是19号作坊的租客。鲁瓦耶，一个为居斯塔夫工作、顺带也为莫泊桑服务的镶框工人，后来曾提起这个"家具极其简陋的、乱七八糟的房间——书房"，装饰着一些描绘塞纳河和埃特勒塔风景的图画和照片。这对父子看起来关系不太好，"几乎看不到他们一起吃饭，每月只有寥寥几日碰见他们共同用餐"。莱昂·封丹记得莫泊桑家的氛围，如同一个大鸟笼一样不得安静："按铃声时常响起，那是有人搞错楼层或者张冠李戴了，简直像是闹剧。"莫里斯·勒卢瓦尔住在5号，对面是莫泊桑未来的朋友——画家安东尼·吉耶梅的工作室。17号则对着艺术家们的补给站，即著名的唐吉老爹商铺，唐吉老爹是一位颜料商，喜欢印象派的画作，也时而陈列或出售，梵高后来还以他为对象作了两幅画像。正是在克洛泽尔街，莫泊桑快速地踏上了文学初创之路。然而随后不久，他将开始慢慢地向巴黎西部转移，装上资产阶级的排面。1880年末，他的第一站选择了巴蒂尼奥勒区安静的一角，也就是位于罗马街后面的迪隆街83号，数步开外的铁路可带他去到诺曼底或塞纳河河畔。这个带有厨房的三居室要更敞亮一些，却也总是乱糟糟的（总之，弗朗索瓦·塔萨尔在1883年来到这里时就是这个样子），它未能真实地反映作家社会地位的变化以及他的憧憬与向往。1884年，为了彰显其巨大的成功，他搬到了表哥路易·勒·普瓦特万私人宅邸的一层，宅邸位于时髦的蒙索平原街区上的蒙沙南街。莫泊桑跟一个家具商精挑细选，定下了每个房间的基调：绛紫色的饭厅，浅蓝色的客厅，暖黄色的卧室，橄榄绿的暖房。此外，家中的装饰还有意大利的丝绸、东方的壁毯、路易十六风格的座钟、古老的象牙制品、白熊皮、荷兰雪橇。随后，他又把已经摆放有一尊佛像、几座天使雕像和几棵棕榈树的暖房改成了书房。天花板上是乌迪诺彩绘玻璃窗，在 12 盏喷嘴灯的照耀下流光溢彩。总是和蔼可亲的龚古尔如此评价："多么奇特的家具，简直不像是真的！"

1876 年同样也是让自己为人所知以及继续发表作品的一年。10 月 23 日，莫泊桑在报刊上刊载了他的第一篇文章，文章是研究居斯塔夫·福楼拜的，并着重致敬这位天才大师。福楼拜去信屠格涅夫，说他略带惭愧地读了这篇文章。不管怎么说，福楼拜都被弟子的"真挚的温情"感动了，他写给莫泊桑的一封信也足以显示这一点。他不能对他的小马驹撒手不管，为此，他再一次在一个编辑部推荐他的弟子。创办《民族报》的拉乌尔·迪瓦尔是否需要一个"连载戏剧作家"呢？或者一个"评论家"也行？他认识"一个充满才气与天赋的年轻诗人"，他预见其"文学前途一片光明"。福楼拜的费心收效一般：11月22日，莫泊桑发表了一篇关于巴尔扎克的论著；1877年1月，他又发表了一篇关于16世纪法国诗人的作品。然而，他撰写的关于"怪现象入侵"的文章以及对埃克曼-沙特里安①的戏剧《弗里茨》的评论却只是白费一番苦心了。这给予他的一大教训是：要在报界活下去，就要表现得绝不妥协。倘若没有酬劳，哪怕一行字都不要去写。能获得最丰厚的报酬是再好不过的了。

有时，在他充满疑虑的时刻，一次亲热的握手、一个友善的目光就能让他忘记孤独和不幸。一天晚上，卡蒂勒·孟戴斯带他到一个咖啡馆，请他喝一杯，他

---

① 埃克曼-沙特里安（Erckmann-Chatrian）是法国作家埃米尔·埃克曼（Émile Erckmann，1822—1899）和亚历山大·沙特里安（Alexandre Chatrian，1826—1890）的共用笔名。——译者注

表现得像一个天生的诱惑者。据乔治·莫尔[①]回忆："他抓着你的胳膊，握着你的手，他弯下腰来靠近你。他的话让你愉悦，他的热情让你陶醉。听他说话是一种享受，像是饮下一杯芳香馥郁的白葡萄酒。"当莫尔建议莫泊桑加入共济会的时候，莫泊桑同意了。没过多久，他猛然清醒过来，于是写信给莫尔："我对你说'好'说得太快了。一天晚上……"他陈列的几点理由或多或少显得充分，它们或可归结为唯一让他奉上一生的戒律："我害怕最细小的牵绊，它源于一个想法或者一个女人。"他解释道："从加入某个组织的那一刻起……无异于给自己上了一道枷锁，即便枷锁再轻，也着实令人不舒服。我还不如付钱给鞋匠。"自由是第一位的："出于私心、恶意或者作为一种折中，我永远不想与任何一个政党（不管它是什么）、

[①] 乔治·莫尔（George Moore，1852—1933），法国小说家、剧作家、诗人。——译者注

任何一个宗教、任何一个学派、任何一所学校扯上关系；我也永远不屈服于任何信条、任何馈赠、任何原则，只求保留我说其坏话的权利。我想要允许自己抨击所有的上帝、阵营。"我们可以想象他"对一个兄弟一本正经地做着共济会的标志手势"吗？爱开玩笑的莫泊桑甘愿承认："我觉得自己还没有那么重要、那么自制。"很快，重申独立理想的机会将再次摆在他的面前。

1876年底，聚集在爱弥尔·左拉身边的拥戴者们组成了一个小团体，诚然，它将为莫泊桑打开一条荣耀之路。这群成功心切的年轻作家相识相交、气味相投，合力为自然主义的未来而摩拳擦掌，他们不久后便出版了合集《梅塘之夜》。29岁的保罗·阿莱克西生于普罗旺斯地区艾克斯，那里是左拉长大的地方，两人早在7年前就认识了。25岁的亨利·塞阿尔和28岁的若里-卡尔·于斯曼在3年前通过一个共同的朋友认识对方，两人曾结伴造访过左拉位于圣乔治街——如今的亚平宁街——的小屋。25岁的莱昂·埃尼克在卡蒂勒·孟戴斯于布鲁塞尔街组织的星期一沙龙上认识了阿莱克西,阿莱克西又通过孟戴斯认识了于斯曼。那么,在于斯曼所言的这个仵恃写实主义大师、仵恃"龚古尔、左拉、福楼拜"的小团体里,8月5日就满26岁的莫泊桑处在什么地位呢?我们知道,他在福楼拜家认识了阿莱克西和左拉,也知道他在1876年底就被左拉星期四的聚会接纳了,然而当时他还没有成为正式成员。1877年1月17日,莫泊桑寄给阿莱克西的一封署名信证实了这一点,阿莱克西之前也已把"新朋友"埃尼克、塞阿尔和于斯曼介绍给了莫泊桑。某种意义上,这算得上是梅塘集团的出生证明。在福楼拜看来,莫泊桑有些踌躇不定,是不是本能地怀疑任何形式的约束?在参与正在酝酿中的文学纲领之前,莫泊桑和盘托出他"全部的文学信仰,作为一种告解":"与不相信浪漫主义一样,我也不相信自然主义和写实主义……成为独特的人,成为某个事物的'源头'。什么事物呢？只要它是美的，只要它与过去的传统没有一丝关联，它是什么对我来说不重要。……今天，左拉是一个伟大的、灿烂的、举足轻重的人物。不过，他的风格只是艺术的一个表现形式，而非'全部'的艺术，正如同雨果的风格是同一种艺术的另一个表现形式。……为何要画地为牢呢？自然主义与推理文学一样太狭隘了。"他接着补充说："为什么要禁止自己像一个女商贩或一个少年那样做爱？尽管已经有如此之多的姿势了，我们仍然有'责任'去发现一些新的。"他的通信对象可一点都不会对这种色情的比喻感到诧异。10年后，即1888年，莫泊桑在《论小说》中明确表达了他本人对现实主义的看法："一个写实主义者，倘若是一个艺术家的话，他不会力图把生活的平凡写照呈现给我们，而会把比生活本身还要完整、还要动人、更让人信服的幻象给予我们。"因此，应该为这一幻象选取必要的素材，用他的话说，"写实在于给真实以全部的幻觉"。

莫泊桑刚被纳入小团体就已与它保持距离。他刚找到一些志同道合的伙伴就迫切需要证明他的特立独行。在写这封信的时候，他违背了其中一条他恪守终生的沙龙准则，他在信里细细点明："我从不讨论文学，抑或原则，因为我觉得这些东西无用极了。永远不要改变别人……"或许最让他感兴趣的是成功的策略和手段，这才是"应该严肃讨论的"："我们五个人可以做好多事儿，或许还有一些不常用的诀窍可助我们达成目的"，这是一个行家才能说出来的话。莫泊桑是划船帮里的普吕尼埃，也是福楼拜的宠儿。他很懂得五人聚会时的礼仪，他耳濡目染，从以作家为中心的，聚集了龚古尔、左拉、都德和屠格涅夫的盛宴上学到了不少。为了保守秘密，他告诉阿莱克西："说好了，这封信可千万不能流出我们这个圈子，要是你给左拉看了，我会觉得很遗憾。我全心爱他，深深地仰慕他。这封信或许会惹他不快的。"

左拉成了当时众多的文学沙龙上最炙手可热的交谈话题之一。1876年4月，《小酒店》相继在《公益报》和《文学共和国》上连载，它引来了诸多非议，尤其在右派阵营内。当然，左派中也有批评的声音。左拉塑造的过于消极的工人形象让人不满。阿尔贝·米约[①]在《费加罗报》上猛烈抨击："这不是写实主义，而是肮脏的东西；也不是露骨的描写，而是淫秽的描绘。"小说为何会掀起如此轩然大波呢？左拉断言，《小酒店》是他完成的"第一部不说谎的、带有人民气味的、描写人民的小说"。除了沉沦于酒精、贫困和懒惰的热尔维丝·马卡尔的堕落，除了前所未有的浸入"我们城郊散发臭气的阶级"，小说的辛辣也引起了卫道

[①] 阿尔贝·米约（Albert Millaud，1844—1892），法国记者、作家和剧作家。——译者注

士们的反感。对此,左拉说:"我的罪行在于使用了人民的语言。"富尔科在《高卢人报》连连哀叹:"小说家没让我们幸免酗酒后的呕吐。"至于文笔,富尔科评价"恶臭满盈"。福楼拜对小说甚为不满,屠格涅夫也指责左拉虽然颇有才气,但却过度地搅弄"尿壶"徒惹一身骚。在夏庞蒂埃①出版这部小说的前夕,左拉的崇拜者们惶惶不安。当时,尽管共和派在议会中取得了胜利,但是君主制总统麦克马洪的道德与秩序仍在肆虐。在这样一个诗人仍会被投入牢狱的国家(1876年7月,让·黎施潘②所作的几首关于妓女的诗歌被控有伤风化,因此锒铛入狱),当权者又会为左拉和恶毒的《小酒店》判下何种命运呢?在这一触

---

① 乔治·夏庞蒂埃(Georges Charpentier,1846—1905),19世纪法国出版商,曾主要出版福楼拜、左拉、莫泊桑等作家的作品。——译者注
② 让·黎施潘(Jean Richepin,1849—1926),法国诗人、小说家和剧作家。——译者注

即发的社会背景下,最先几部描写卖淫的写实主义小说诞生了。于斯曼倾向在比利时出版《玛尔特,一个女人的故事》;准备发表《艾丽莎女郎》的龚古尔将遭遇十足的噩梦。

梅塘集团一步步创造着属于自己的历史，成就了传奇。1877年1月23日晚，卡皮西纳大道，埃尼克在小团体的支持下做了一场轰动的关于《小酒店》（第二天将在书店出售）的讲演，当他断言这部小说远胜雨果的最后一部作品《九三年》的时候，观众们议论纷纷。埃尼克初露的锋芒虽让他赢得了乐于看到"浪漫主义式微"的左拉的感激，却也引来了卡蒂勒·孟戴斯在《文学共和国》上的怒斥。

"臭粪""烂泥""恶心"……在读到左拉的小说时，评论界再次哗然。其他人则要更为温和，做了一些让步。福楼拜写信给他的女性友人埃德玛·罗歇·德·热内特:"一些章节着实精彩,一种颇有风度的叙述,一种无可置疑的真实性。"莫泊桑在给罗贝尔·潘雄的信里也予以了肯定:"很值得一气呵成地读完,使人获益匪浅,它具有惊人的力量,简直太棒了。"总之,《小酒店》的销量还算不错。1877 年卖了约 4 万册,1881 年小 10 万册,1902 年约 15 万册。放眼当时,简直是让人难以置信的天文数字。这般大肆的宣传成了五人俱乐部共同的事业。于斯曼摩拳擦掌,期待创办一种自然主义文学刊物。困囿一个尴尬的"中立地带"的莫泊桑对潘雄透露了他完全私人的盘算:"我成了一个轻视诗歌的文学团体中的一员。他们将会是我的陪衬;这不是痴人说梦;我会在戏剧和小说中推动自然主义,做得越多,就越……总之,其他人也完全有利可图……"

不管怎样,莫泊桑不会因此而轻视五人俱乐部在每星期二组织的质朴的聚会,聚会的地点是蒙尔特的玛希尼大妈小咖啡店,位于皮热街和库斯图街的拐角,又名"小酒店"。菜单上有"格外大块的韧肉"和"异常浓烈的酸葡萄酒",对此,于斯曼将在1893年记上一笔:"食物既难吃又危险。不过,我不知道是不是我们每个人都吃得如此兴高采烈!莫泊桑是聚会上的中心人物。他带来了有趣的故事和愉悦的氛围、活泼和不拘小节,更锦上添花的是,在他满不在乎的表象下,藏着那么真诚、可靠的情感……"之后,聚会地点从玛希尼小酒店换到了孔多塞街的约瑟夫小饭馆。一天晚上,体态肥胖的美食家——37岁的左拉与他们共用了惨不忍睹的饭菜,无地自容的他们决定以后在一个还算说得过去的饭桌上宴请这位大师。莫泊桑找到了一处合适的地方,即特拉普饭店,它位于圣拉扎尔街与勒阿弗尔拱廊街的街角。自此以后,聚会改在了特拉普的阁楼,故事也会继续在他们之间谱写。然而,改换地点的目的绝非是为了恪守谨慎。后来,最初朋友间简便的聚会发展为亨嘉之会，旨在推动三位现代小说大师与六位紧随其步伐的年轻作家（奥克塔夫·米尔博①也加入其中）之间的会面，他们联合起来抵抗逆境：左拉最先出席，接着（莫泊桑负责说服的）即将出版《三故事》的福楼拜受到邀请，继而是龚古尔。此外还有《卢贡·马卡尔》系列的出版商乔治·夏庞蒂埃。4月8日，《文学共和国》的读者看到了署名为让·普鲁韦纳——卡蒂勒·孟戴斯的笔名——的一则报道："1877年4月13日，星期五。在圣拉扎尔火车站附近一家即将万众瞩目的特拉普饭店，六个年轻而热情的自然主义者不日也会声名鹊起，他们是：保罗·阿莱克西，亨利·塞阿尔，莱昂·埃尼克，若里-卡尔·于斯曼，奥克塔夫·米尔博，居伊·德·莫泊桑。六人设宴款待了他们的名师：居斯

---

① 奥克塔夫·米尔博（Octave Mirbeau，1848—1917），法国记者、小说家、剧作家、艺术评论家。——译者注

塔夫·福楼拜，埃德蒙·德·龚古尔，爱弥尔·左拉。一位宾客把晚宴上的菜单告诉了我们：《包法利》蔬菜浓汤，《艾丽莎女郎》鳟鱼，《圣安东尼》块菰小母鸡，《淳朴的心》朝鲜蓟，自然主义冰淇淋，《古波》葡萄酒，《小酒店》甜烧酒……"然而，宴会不是在13日举办的，而是在16日，菜单大概也只是一时突发的臆想。不过，这场盛况将成为自然主义神话中的里程碑事件。遗憾的一点是，众人在饭桌上远未达成共识。据塞阿尔后来回忆：愤怒的福楼拜"以自由的名义反对所有'主义'化的理论，唯物主义亦然"，其实早在二月，他就斥责过左拉的"自然主义绪论、学说和宣言"。再次被他的话刺痛的左拉与他起了争执："您呢，您小有资产，这让您免去了不少事情的牵累。而我，全凭写作养活自己……我要怎么跟您说这些呢？为了迎合民众的口味，要使一些虚伪的手段……不错，说实话，我和您一样不喜欢'自然主义',可我却时常把它挂在嘴边,因为我们需要给事物一个命名,只有这样,民众才会相信它们是新的。"

事实上,莫泊桑知道"曾久处贫困的可怜人"(龚古尔的概括)左拉凭借写作富裕了不少。1876年,左拉赚了3.4万法郎:约2万法郎是报纸投稿所得,比如《欧洲信使报》《公益报》《马赛信号报》;6 000法郎是作品在夏庞蒂埃出版社的出版所得;余下的9 000法郎是《小酒店》小说连载所得,这笔收入完全是靠作家的才华。1877年年底,《小酒店》首版单行本共计卖出4万余册,让左拉得到了2万法郎的丰厚报酬,相比之下,其他所得就显得微薄多了。莫泊桑觉察到,拿到这笔钱的左拉渐入奢侈、摆起了排场。1877年4月20日,左拉一家离开圣乔治街冷僻的住所,搬到了第九区的布洛涅大街——如今的巴吕街——23号,距离克利希广场不远。左拉和他的太太亚历山德里娜在古董珍玩店里挑花了眼，准备买一些壁毯、彩绘玻璃、陶器、祭披、刺绣装点新居，"这套不值钱的、教士风格的陈旧摆设"可把龚古尔吓了一跳。

但在当时，莫泊桑还没打算为了给报纸写专栏而舍弃他的一切。一天，《高卢人报》的负责人塔尔贝①提议他写一些非文学的专栏，这让他左右为难。1878年4月3日，他写信告诉洛尔："左拉催促我答应下来，他说这是唯一一条让我摆脱困境的途径。"然而，莫泊桑担心定期撰稿的速度，这样赶出来的稿子"必定不堪卒读"。他要坚守他自己的准则："我只写我敢于署名的文章；我从不把我的名字放在不到两个小时就写完的文字下面。"最重要的是，他决不能看上去像是"固定地依附于《高卢人报》的管理，

---

① 埃德蒙-约瑟夫-路易·塔尔贝（Edmond-Joseph-Louis Tarbé，1838—1900），法国记者、作家。1868年，他与亨利·德·佩纳（Henry de Pène）一道创办了文学与政治日报《高卢人报》。——译者注

更不会在报纸上搞政治文章"。

机会再次降临到他的头上,让他在文人圈子里挣得些许薄名。1877年5月17日,《玫瑰花瓣,土耳其人之家》第二次上演,地点选在画家贝克尔位于弗勒吕街的画室。奥克塔夫·米尔博接手拉法耶的角色,除此之外,演员方面没有别的变动。在这场面向公众开放的演出上,特拉普宴会的三位大师全都现身了,当然啦,阿莱克西、于斯曼、埃尼克和塞阿尔这四位渴望文学荣耀的年轻作家也全部到场支持。屠格涅夫因患痛风而不能出门;都德因特拉普的聚会没有请他而感到颜面尽失,甚而这次也没有回应莫泊桑的邀请。至于家人方面,莫泊桑的父亲居斯塔夫·德·莫泊桑来了。在一群夫人和太太中间,善于交际的苏珊·拉吉耶和瓦尔苔丝·德·拉比涅的身影很难让人忽视。瓦尔苔丝是半上流社会红极一时的交际花,总在马勒泽布街98号豪华阔气的寓所里接待她的追求者们,她的铜制华丽大床作为样板被左拉搬进娜娜的房间。

不过，当天晚上，左拉看起来一点也不欣赏莫泊桑式的黄色滑稽，也不喜欢那些强颜欢笑的贵妇。龚古尔则感到震惊，他在《日记》里记述：观剧的夫人们"因内容过于淫猥下流而尴尬无措"，"悲哀啊，这些年轻的小伙子竟装扮成了女人的模样……"演出结束的第二天，福楼拜评价这出"荒淫的戏剧""真新鲜"，对此，龚古尔在他的《日记》里反驳："荒淫下作新鲜？还真是一个新发现。"

左拉渴盼水和空间。他在特里尔近郊发现了梅塘小镇宁静的美，那是一个位于"塞纳河畔的清幽迷人的地方"。1878年5月，他写信给福楼拜，说他以9 000法郎的价钱买了那里的一幢"小房子"，花园的尽头毗邻铁路和河流。由此，一个规模庞大的、花费昂贵的（最终合计20万法郎）工程开始了。左拉的第一个冲动是给自己买条船，于是他委托这方面的行家——莫泊桑为他寻觅一条称心如意的小船。最后，莫泊桑花了170法郎买下并翻修了一条易于操控、被命名为"娜娜"的"捕鸭船",总算赶在1878年7月14日把船送到了左拉的住处。从贝宗驾船驶到梅塘的路程约有49公里,需要一整天的时间,莫泊桑和封丹、埃尼克趁夜色不晚的时候就出发了,直到第二天午后不久才抵达。莫泊桑骄傲地写信通知左拉,"要是您在河岸,您会很快看到我们"。左拉的另一个癖好是方形塔楼顶层的书房。方形塔楼同样被命名为"娜娜",也是左拉亲自设计并命人建造的,紧挨着原先的小别墅。书房大得出奇(足有90平方米,层高5.5米),衬托了来客的渺小,从这里隔窗望去便可一览塞纳河谷的风光,不过光布置它就花了好几个月。继1880年的《一个巴黎市民的星期天》之后,1882年,莫泊桑在《高卢人报》的一篇专栏里再次描绘了左拉的"圣殿"。他注意到,与"厌恶小玩意儿"的福楼拜不同,左拉的书房挂满了"巨幅的壁毯","摆满了各个时期、各个年代的家具","不知真伪的中世纪甲胄的旁边陈列着让人惊讶的日式家具以及18世纪的雅致物件。巨大的壁炉几乎每天就要烧掉一棵橡树。两尊石人像摆在壁炉的两侧"。1878年8月起，梅塘别墅正式对自然主义者们开放了，它成了自然主义新的大本营。

莫泊桑像是一个自由电子，经常脱离集团、另行其事，即便是集团让他得以声名大振。当然，他也被看到多次出入梅塘：1878年9月15日，左拉当着团体的面朗读了《娜娜》的第一章，这是他搬来这里后创作的第一部作品（1879年以连载形式发表，1880年出版单行本），而莫泊桑就是听众之一；1879年春，他和莱昂·封丹驾着"玫瑰花瓣号"来到这里，赶赴一个临时安排的午餐。此外，1879年1月，莫泊桑同集团成员一起观看了戏剧《小酒店》①的首场演出，

---

① 1879年，剧作家威廉·比纳什（William Busnach）和剧作家奥克塔夫·加斯蒂诺（Octave Gastineau）把《小酒店》改编为剧本搬上剧院的舞台，获得了极大的成功。——译者注

以示对作家左拉的支持。4月底，在蒙马特爱丽舍进行的、具有热尔维丝和古波风格的化装舞会上，梅塘集团热烈地庆祝了戏剧的第一百场演出，他们资产阶级的礼服装扮引来了不少闲言碎语。作为相反的方面：1878年12月，《高卢人报》专为年轻的自然主义者们——"左拉的先生们"——写了一篇文章，然而里面却没有提到莫泊桑，内容也对塞阿尔十分不利；1879年2月19日至4月29日，莫泊桑写的剧本《往昔的故事》被搬上了德雅泽剧院的舞台，获得了一定的成功，不过，莫泊桑感觉自己被集团的其他成员冷落了，他写信对福楼拜说：纵然左拉夫妇为我"热情地鼓掌"，可"他的成员们抛弃了我，他们觉得我还不是一个完全的自然主义者，演出成功后，他们没有一个人上前同我握手"。《伏尔泰报》也为左拉宠爱的几个年轻人敞开了大门，再一次让莫泊桑百感交集：《伏尔泰报》指定于斯曼、埃尼克、塞阿尔和阿莱克西等四人为其撰稿，而莫泊桑又被忘了。还有，与左拉合作的《政治－文学－哲学－科学－经济改革报》欢迎梅塘集团为其撰写专栏；收到邀请的同样还是"四人组"，没有莫泊桑。直到1879年12月，他才得以在《政治－文学－哲学－科学－经济改革报》上发表短篇故事《西蒙的爸爸》。

或许，莫泊桑新手作家的形象因为福楼拜的保护而备受非议，很有可能也是让集团成员猜忌和妒羡的根源。又或许，莫泊桑的不务正业，尤其是水上活动和夜间活动，毁了他的声誉。比如，亨利·塞阿尔于1888年4月在《画刊》上坦露，他曾把莫泊桑看作"一个体魄强健、写作困难的人"："在他身上，肌肉运动凌驾于文学活动。"专栏不像树上的苹果垂手就能摘到："写作练习花费太多的时间、付出大量的心血。"1877年夏，在凉气袭人的贝宗，于斯曼也亲眼看到了莫泊桑表现出来的放纵不羁。"莫泊桑在做什么？"当左拉问起来的时候，有人说他忙着"游泳，搭救溺水之人，渴望获得救人勋章"，但是"除了手臂运动,他看起来没怎么卖力写作"。左拉的太太亚历山德里娜·左拉,巴黎晚宴和梅塘聚会上亲切的女主人,后来犹记得莫泊桑擅长运动的那一面。1905 年 3 月,她对《曙光报》的记者讲述:"那个时候在梅塘的日子多么快乐!莫泊桑用他兴高采烈的活动点燃了别墅的气氛。我的耳边仍会响起他在花园里接连不断的射击声。大家总是拿他获得的成功开玩笑,这是一个不会枯竭的话题。他笑着任由大家打趣,用他的温文尔雅来作防御。鉴于他是划船的极大爱好者,我们的第一条船就是请他帮忙买的……"不过,当话头转到塞阿尔和于斯曼的时候,她只记得其中一个"头脑灵活",另外一个"多识健谈"。

不管怎么说,莫泊桑还是以他的节奏进行创作。他告诉洛尔,他眼下的头等大事是完成一部"黄色的"历史韵文剧——《吕纳伯爵夫人的背叛》,背景设定在14世纪的布列塔尼，当时两个觊觎者为了争夺公爵领地而展开激烈的对抗。剧里，吕纳伯爵远赴战场，在他走后，伯爵夫人打算约见她的英国情人（也是敌人），同时也不忘与她引诱的年轻侍从私通。她既是妻子也是情妇，完全沉迷欲望，唯有肉体之爱才能把她吸引，这个人物体现了莫泊桑式的"伤风败俗"。福楼拜的意见：好极了，但是过于淫猥。也就是说需要改写。这个剧本——后来更名为《雷迪纳伯爵夫人》——最终没有达到莫泊桑预想的目的，1878年1月，他写信给洛尔："我给福楼拜读了我的剧本，他认为完全可以上演，不过我感觉他并不是很积极"。继奥德翁和德雅泽剧院之后，法兰西喜剧院也把他拒之门外，因为佩兰①觉得"第二幕太粗暴、太残忍了"（1878年4月，莫泊桑在写给洛尔的信里提到的）。

---

① 埃米尔·佩兰（Émile Perrin，1814—1885），法国画家、艺术评论家和布景师，1871年起任法兰西喜剧院的总负责人。
　　——译者注

他去信潘雄，声称："该死的戏剧，我再也不写了！"好一个年少轻狂的誓言。

  莫泊桑把散文体运用到了几部短篇故事当中。1877 年，他为杂志《镶嵌艺术》写了《圣水献者》；1878 年，又写了《拉雷中尉的婚事》和《甘草露，甘草露，清凉的甘草露》。莫泊桑开启了一系列关于父亲，尤其是私生主题的文学创作，并于 1882 年起加快了写作的速度。一直以来，人们都把这些故事和主题的复现归因于一起所谓的具有自传色彩的事件。该事件在 1903 年首次被媒体"披露"，1926 年被大肆报道：1883 年 2 月 27 日，莫泊桑有了他的第一个孩子——吕西安·利策尔曼，孩子的母亲可能是年轻的女裁缝约瑟菲娜·利策尔曼；莫泊桑还有其他两个孩子，不过不像第一个那么为人所知，他会供养并定期去探视他们。今天，一切使得——不只是缺乏证据——这个可能性变得陈旧过时了。另一方面：《一个父亲》中非自愿父亲的焦虑，《无益的美》中怀孕和分娩带来的厌烦，《一个儿子》中对生育的恐惧，《被遗弃的人》和《忏悔》中因抛弃或杀死婴儿而产生的悔恨，这些情感或故事将不断地在他的作品中呈现。究其原因，除了社会新闻报道的弃婴事件，除了被他指责虚伪的婚姻对他的影响，莫泊桑本人的世界观也不可忽视。在他看来，繁殖是自然为人类布下的天罗地网。然而，我们不能因此排除的是，他的亲身经历，比如作为一个家庭里隐秘的父亲或家人，或许也让他坚守着他的"信条"。

1877年，莫泊桑还致力于另一项重要的计划：制定一部长篇小说的提纲（福楼拜评论，"这是一部名副其实的长篇小说，构思十分巧妙"）。1878年，他正式动笔，期间多次中断，最后不得已搁置下来。一直到1883年，这部鸿篇巨著《一生》才终于问世。

莫泊桑开始变得非常忙碌。《高卢人报》刊载了《最后的逃离》,并把莫泊桑看作"我们新兴文学最有实力的作家之一"。莫泊桑因此备受鼓舞,竭力创作了诗歌《乡间维纳斯》。虽然朱丽叶·亚当拒绝在她的《新报》①上刊登此诗,好在最终它被纳入了1880年的《诗集》。他还在书商特雷斯那里出版了剧本《往昔的故事》和《排演》。此外,他还要不辞辛苦地出席一些不得不露面的场合:福楼拜家的聚会、布雷纳夫人的晚会、左拉等一众年轻自然主义者的宴会或者一些戏剧的首演,比如,1878年5月,艺术家们聚在大韦富尔餐厅庆祝《玫瑰花蕾》(这是一部让左拉惨遭失败的滑稽剧)的上演。

在这些你来我往的盛宴上,年轻的作家试图让别人听到他的声音。一天,当梅塘陷入一片冷寂时,他射了一枪,于是左拉嚷道:"莫泊桑这个家伙,总使

---

① 《新报》(*La Nouvelle Revue*),朱丽叶·亚当在1879年创办的半月刊,目的是与《两个世界画刊》相抗衡。——译者注

同样的招数,他知道怎么比别人制造出更多的声响。"或许这是他为了证明自己的存在吧。1870年底,他因一些私事不堪重负:洛尔身体有碍,他健康欠佳,海军部也待不下去了,因为这些,他一时陷入了真正的地狱。

两年来,疾病不声不响地降临。剧烈的偏头痛、心脏不适、疱疹复发,不久前他又发现自己毛发严重脱落。屠格涅夫说他看上去"非常丑",福楼拜更是给他起了绰号"秃子莫泊桑"。1877年3月2日,他在给潘雄的去信里大肆调侃,一派冷淡,还附上了他毛须全无的自画像:"我得了梅毒!到底还是得了!真的是梅毒!不是不屑一顾的花柳病,不是教士的水晶制品,不是资产阶级的公鸡冠,更不是豆科花椰菜!不,不,是大梅毒,是致弗朗索瓦一世死亡的那种病。……我得了梅毒,没有出现让人讨厌的下疳,没有腐臭的横痃,没有丑陋的外表(以后才会有鼻梅毒)。我太为它骄傲了,该死的,我最瞧不起那些资产阶级！哈利路亚，我已经得了梅毒，所以我再也不用担心染上它了。我跟街上的荡妇和妓院的娼妓做爱，对她们说'我得了梅毒'。她们怕得要死，然后我则放声大笑。这让我觉得我比她们高级多了。"

在信的开头，莫泊桑就是以这样挑衅的口吻向他的朋友解释他患病的。他看了两位医生，第二个医生的诊断和第一个医生相同，并补充说可能是六七年前感染的老梅毒，只不过症状现在才表现出来。莫泊桑说，在这五个星期，他都在接受水银和碘化钾治疗，据当时法国著名专科医生阿尔弗雷德·富尼耶说这是"治疗梅毒的特效药"。医生诊断的依据是莫泊桑一直不以为意的那些症状，他承认他被惊到了，他"坐立不安"。莫泊桑委婉地提到了他得知病情时受到的冲击，而且，这种不可逆的疾病时好时坏，让患病之人受尽折磨。

那年夏天，他的医生拉德雷·德·拉沙里埃向海军部出具证明，证实莫泊桑近两年以来染上了"同一素质"（代指他无法说出口的不光彩的梅毒）多种疾病，需要在洛伊克进行"温泉治疗"。瑞士的这一处疗养地标志着莫泊桑开启了温泉世界的大门，而温泉又将激发他创作多部中短篇小说以及一部长篇小说——《奥利奥尔山》（又名《温泉》，1887年）。他先后前往沙泰尔居永、艾克斯莱班、普隆比埃尔、巴涅尔-德-吕雄、迪沃讷，一直到最后，他都觉得水具有一些真实的或象征性的功效。为此，他抱着一丝侥幸以求用水缓解他的痛苦。在蒙沙南街寓所的地下室里，他甚至布置了一个类似水疗室的空间，旁边放着暖气设备，这样就可以轮换做冲洗疗法和蒸汽浴，随后再用马尾手套和古龙水按摩。

1877年，海军部，莫泊桑境况一日不如一日。虽然他的上司吕诺近来毫不犹豫地给他提了薪水，但是吕诺既无法容忍莫泊桑请假去洛伊克，也无法理解他的偏头痛。于是，对他多番刁难。1878年初，他不得不寻求福楼拜的帮助：通过福楼拜的朋友巴杜在公共教育部谋一个职位。此事耗费了一年的时间，期间，莫泊桑一直处在焦虑和气馁之中，梅毒的症状（头发再次脱落，胃病，心悸）以及对母亲身体（心脏疾病和神经官能症交替发作，时而"极度消沉"，时而"异常兴奋"）的担心更是让他不堪其苦。死亡在他看来是唯一的出路，他写信给福楼拜："如果没有一些人经受这样的苦痛，又何必颈上悬着重石一头扎进水里！"12月，公共教育部的一纸任命终结了他的苦难。然而疾病仍会如影随形，成为他唯一不能斩断的枷锁，唯一无法挣脱的锁链。此后，他将带病坚持写作，忍受不合时宜的症状：头痛，消化不良，尤其是1880年后出现的使他行动不便的眼疾（视觉调节障碍）。1878年8月，医生做出新的诊断，将他的病征归结为其他一些原因。他在写给福楼拜的信里说："医学院的医生认为我的情况和梅毒全然无关，只不过是我患了体质性风湿病，它先损害了我的肠胃和心脏，最后影响至我的皮肤。"然而所有的药物在他身上都没有什么效果。不同的医生轮番抛出不同的诊断，这让他对这个行业充满讽刺和蔑视，一如《奥利奥尔山》中表现的那般。

在确诊患上梅毒一年后，莫泊桑备受打击，着实度过了一段灰心丧气的时日。一天，他向福楼拜吐露："我时不时就会有一些如此清醒的认识，觉得一切都是无用的，创作是恶毒的，未来是空虚的（无论是什么样的未来），我觉得自己对任何事物都产生了一种悲观的漠不关心。我孑然一身，因为我厌烦别人；我也厌烦自己，因为我无法工作。"阴暗的想法，贬低自我，无法集中精神，对什么都厌恶……比起一时的多愁善感，他的状态更像是抑郁的征兆，究竟是何缘故呢？莫泊桑对很担心他的福楼拜回应道："我只明白法语中的一个词，那就是'他妈的'，因为它表达出了变化、美好事物永久的转变以及决然的幻灭。女人的屁股单调得就像男人的头脑。我发现事情并非千变万化，恶习都是卑劣的，句法方式总是不够用。"1878

年8月15日,福楼拜写了一封著名的申斥信,让"年轻人"振作起来。女人的屁股?"有一剂很简单的药,那就是不要使唤她们。"事情?"一切难道不是幻想吗?"句法方式?"寻找吧,你会找到的。""听着!年轻人,你应该比现在更卖力地工作。我都怀疑你是不是起了一些老茧。过多的妓女!过多的划船!过多的锻炼!……要提防多愁善感!这是一种恶习,有人从忧愁中得到了快乐,可是当忧愁散去的时候,像是用尽了宝贵的力气,仍然因它而昏头昏脑。"

莫泊桑觉得自己被压垮了:他的工作处境,母亲的身体状况,当然还有他自己的疾病。当他谈到"未来的空虚"时,或许他盘算的不只是他的事业,还有组建家庭的可能性。其实早在几年前,他和他的父亲因为钱的事情争吵的时候就提到了这个假设:"而我呢,我的面前摆着一个未来,我渴望结婚,渴望有自己的孩子——我将会……"然而梅毒在当时被错误地认为是具有遗传性的,因此常常成为结婚的主要障碍。

两年后，即1880年，阿尔弗雷德·富尼耶将在他的作品《梅毒与婚姻》中直言："那些在梅毒活跃状态下结婚的人，那些意识到危险却罔顾危险的人——因为他们把自身私利置于危险之上，都是下流无耻之徒。"或许也应了马尔罗·约翰斯通在他的传记中提出的假设，一年前（1877年），洛伊克插曲过后，莫泊桑和他的表妹卡特琳·达尔努瓦的结婚计划搁置了。再后来，他在《一生》中编写了结婚的片段，这个片段与他母亲的经历有关。说到底，他对婚姻的伤感与他不加节制的性生活或许不无关系。并不像人们当时认为的那样，也不像福楼拜担心的那样（"我害怕他精尽人亡"），他的消沉不是因为精气过度耗损，而是因为性行为可以掩盖他的消沉。

在弗兰克·哈里斯看来，年轻人莫泊桑是从他的第一个情人——美丽的欧内斯廷那里了解到了他在性方面的精力强于常人。龚古尔的《日记》（1893年4月9日）也记载了，莱昂·埃尼克甚至说莫泊桑可以"随心所欲地勃起"。他在生理上天赋异禀,曾让与他同一房间的伙伴异常惊讶,之后在不断地追求肉体欢愉的过程中,这项天赋对他没有任何不利。短篇小说《一个儿子》的主人公算了一笔账,他说:"在18岁到40岁这个年龄段,如果把那些短暂的邂逅与一时半刻的逢场作戏都计算在内的话,我们可以承认的是,每个人都曾跟两三百个女人有过……亲密的关系。"一种占有万物的幻觉有时也会突然出现,例如《他?》中所述:"我欲有千只臂,千张嘴,千般……个性,为了能够同时抱住这样一群可爱迷人又微不足道的生物。"

1874—1878年,对色情的迷恋在莫泊桑的诗歌上也落下了烙印,他周围亲近的人(没有公开的读者)因此大饱眼福。1877年,他把诗歌《69》献给了"写实主义集团的朋友们",诗的灵感大概来自他的女友人苏珊·拉吉耶("我没有跌入你无底的深渊;不过,我想,紧抱你低声哼唱的肚子……")。同一年,当他在瑞士洛伊克旅行的时候，他吹嘘自己骗了一个药剂师，然后去逛了沃苏勒的一家妓院，福楼拜说他"真是个怪人"。1878年是惨淡的一年，在这一年，莫泊桑结束文学聚会后，就会溜进妓院，此间，他公开进行过几次性交。一次，为了向不信他的福楼拜证明他可以"一小时御6女"，他特意叫了一个小厮前来作证。不久后，他又当着作家博博里金的面再次重演他的"战绩"，龚古尔听了埃尼克的叙述后，在1893年4月9日的《日记》里记下了这一笔："在那里，亲眼目睹了这一幕的俄国人简直不敢相信自己的眼睛，他连续射了6次，接着，他走到另一个房间，里面睡着他的一个女伴，他又和她做了3次。"

1879年8月，借由对海军部前职员的戏弄，暴力开始登场了。某个绰号为"阴茎模具"的爱德华·布罗"正式接受了精液的洗礼之后"，在约瑟夫·普吕尼埃和其他几个划船者的见证下，加入了妇女之友俱乐部。埃尼克对龚古尔叙述了爱德华经受的考验，"有人戴着击剑手套不停地对他行手淫，有人把尺子插进了他的直肠"，这些恐怕就是造成爱德华于1880年2月9日猝死的原因了："大大大大新闻！阴茎模具死了！……警察要来开展调查，统统闭嘴，可不要让他们发现什么……整个海军部沸腾了，有人硬说是我们的虐待让他早早的丧命。……死了，死了，死了。死这个简单的字真是太深奥、太可怕……就这么一命呜呼了？"遭遇性虐——莫泊桑称其为"闹剧"——的牺牲者完全沦为了一个物件儿，没有任何可以求救的对象。莫泊桑也曾将自己置于一些危险的处境：1881年，他带着卡蒂勒·孟戴斯与两个女伴进行了一场纵欲的狂欢，其中一个女伴因此恼羞成怒，用枪伤了他的手。

在性的方面，正常与病态之间的界限如此模糊，莫泊桑轻率地试图在他身上显示一种性瘾的存在。小说剧情的逐步升级，让自己置身险境的欲望，不断地更新因为大量的女人而日渐乏味的感觉，这些挑逗他的触点出现了。当他骄傲地声称染上梅毒的时候,大可不必非得相信,不过,可以肯定的是,他拿梅毒当作儿戏。另一方面,据莫泊桑自己承认,他不懂得对引诱他的女人说不,无论这会让他或别人付出什么代价。短篇小说《一个智者》(又译《聪明人》)中的布雷洛在有着"梅萨莉娜①一般性欲"的吸血鬼妻子的猛攻下形销骨立,莫泊桑也一样。若仆人塔萨尔说的话属实,他面对著名的"灰衣夫人"的穷追不舍最终只好缴械投降,这个"灰衣夫人"直到最后还在向她因病魔而疲惫不堪的情人追讨情债。最后但却同样重要的是,他的性瘾似乎是一种强制性的行为,与他顽强的工作、频繁的运动以及不间断的旅行殊途同归,常常像是对现实的一种逃避、对抗焦虑的一帖良方。

同样,莫泊桑在吸食乙醚的时候清楚地知道,借

---

① 瓦莱里娅·梅萨莉娜(Valeria Messalina)是罗马皇帝克劳狄一世的第三任妻子,以女色情狂的形象闻名于世,她性欲旺盛,曾经挑战过著名的罗马妓女,与多个男人同时发生关系。——译者注

助麻醉将会引起某种异常的欣快。短篇故事《梦》中的医生说，"我是因为患上了严重的神经痛才使用乙醚的，似乎从那以后，我就有些滥用乙醚了"。随后他在一次叙述的时候说明了乙醚的药性，莫泊桑自己也将于《在水上》中对此作一番描述。后来，他又在游记《漂泊的生活》里补充说，"我觉得自己过度地兴奋、激动，像是喝了不少容易上头的酒精，吸了一点乙醚，或者爱上了一个女人"。这些话证明，当他服用乙醚的时候，感受到的并非只是单纯的减轻痛觉。不过，对于一个太过克制性欲的男人来说，对于一个自觉无法随意抛弃自我的男人来说，再也不需用控制一切的乙醚带来一丝安慰。

此外，乙醚会造成一种使人轻度昏迷的麻醉状态（如他在《梦》中所写的"灵魂麻木"），并伴有幻觉和幻听（"我听到了一些声音，四个声音，两组对话"），虽然他随后意识到那是耳鸣。这是一种步步紧逼的死亡体验,一些人对这些体验进行了对比,自觉得知了阴间的秘密("我仿佛尝到了智慧树的滋味,所有的神秘都会被揭去面纱")。对像莫泊桑这样的作家——作品中充斥着死亡的主题——而言,无论如何旅行总归是诱人的。

莫泊桑到公共教育部入职后，第一时间写信告知了福楼拜。在他"深受器重"的巴杜部长的办公室，他观察着，倾听着，默默地点评着："我看到一些难以理解的事情。职位越高，越是（或变得）愚蠢。"为了"穷困潦倒"却不屑乞怜的福楼拜（他写信告诉一位女性友人："荣誉会败坏，头衔会降级，职权会愚人"），莫泊桑四处打听一份图书管理员的工作以及国家给予作家的补助。两人之间的联系越发紧密了。5月的一天，福楼拜把莫泊桑叫到了克鲁瓦塞，要莫泊桑陪他做一件繁重的"苦差事"："我想把所有未归类的旧信件全部烧掉。我不愿有人在我死后看到这些信；可我又不想独自一人做这个事儿。"那是一个充满了叹息和眼泪的夜晚，那是一场预示着生离死别的告别，也是在那个晚上，一个浪漫的、系着丝带的小包裹出现在他们的眼前，莫泊桑在1890年的专栏"居斯塔夫·福楼拜"中回忆起这一幕："他发现了一只小巧的丝质舞鞋，鞋里放着一方黄色的女用花边手帕，帕中裹着一朵枯萎的玫瑰。……他亲吻着这三件珍贵的纪念品，发出痛苦的呻吟，狠心把它们付之一炬，然后擦了擦眼角。"后来，莫泊桑将在《如死一般强》以及专栏"如何用枪击头部自杀"中再现死亡这一阴郁的主题。

福楼拜生前最后为他的学生叩开了拿破仑三世的堂妹——玛蒂尔德公主沙龙的大门，并且提议在玛蒂尔德家以非公开的形式演出剧目《往昔的故事》。莫泊桑之前已经把剧本寄给他的老师了，他亲笔写下的题献也感动了老师（"献给居斯塔夫·福楼拜，我伟大的、亲爱的导师，我最深爱的、最仰慕的男人"），莫泊桑还想望着给公主寄上一本。尴尬的是，怎么写献词呢？于是他求助福楼拜，福楼拜答复他："礼貌用语：致尊贵的玛蒂尔德公主殿下。"这是一个富有魔力的表达，是老师曾告诉给他的所有隐喻和通关密码——引荐词、推荐信、介绍词、献辞、邀请——的精华，让他一脚踏进了封闭的世界（上流社会），并很快借机识破了这个世界所有的规则。尽管剧目最终没能在玛蒂尔德公主家上演，但是他与公主的友谊将会长存。

新手莫泊桑装作一副谨慎持重的样子，其实内心充满自信。亨利·鲁容见证了他的转变："人们猜测在他身上有一种坚韧不拔的壮志，在他体内有一种泰然自若的信心。"莫泊桑必须得应对《梅塘之夜》的挑战。1879年秋，布列塔尼的海滨之旅不仅让他领略了荒野风光，也带他走进了传说与矮妖的国度。旅行结束后，他飞快地抓住了摆在他面前的、空前的、可以与文学大家较量一番的机会，这一年，他29岁。1880年初，他给福楼拜写了一封信，信里详述了他与左拉以及梅塘集团合写"小说集"的计划:"左拉先后在俄国和法国《改革报》上发表了一部关于战争的小说,名字是《磨坊之役》。于斯曼在布鲁塞尔出版了另一部新的小说《背上背包》。塞阿尔给其担任记者的一家俄国杂志寄了一篇以巴黎围城为背景的故事,十分神奇又充满暴力,题目是《放血》。在了解了于斯曼和塞阿尔的这两部作品后,左拉对我们说,他觉得可以与他的《磨坊之役》结集出版,组成一套少有的、不带沙文主义的、有着独特色彩的辑录。接着,他鼓励埃尼克、阿莱克西和我分别创作一部小说,从而让辑录更加完整。这样做自是大有裨益,光左拉的名字就足以带动销量了,也会给我们每个人带来一两百欧的好处。"为此,莫泊桑在两个月内撰写了一个发生在鲁昂城内的短篇故事,即《羊脂球》,后被纳入《梅塘之夜》合集。

与此同时,莫泊桑把《诗集》的手稿交给了夏庞蒂埃,在后者看来,莫泊桑的诗歌要比小说可贵多了,他的小说也只可充当绿叶的角色。为了探讨合集一事，梅塘集团聚在克洛泽尔街莫泊桑的家里。据波尔·内沃①记载，"每个人轮流朗读各自的小说，莫泊桑是最后一个。当他读完《羊脂球》的时候，在场的人都对这部出人意料的杰作而感到欣喜，激动之情油然而生、久久难忘。他们全体起立，没有任何客套，像对一位大师一样对他致以敬意。"尽管欢呼热烈，赞赏有加，却也让人讶异，他们寻思着作品里面是不是有福楼拜的功劳？第二年，左拉在《费加罗》上肯定了《羊脂球》的过人之处："它无疑是六部小说中最佳的一部，大胆、细腻、有格调、分析透彻，无不让它成了一部精巧的杰作。"1880年1月底，福楼拜写给莫泊桑的信里也出现了类似的字眼："……我急于想告诉您，我把《羊脂球》视为一部杰作！是的，年

---

① 波尔·内沃（Pol Neveux，1865—1939），法国作家，时任公共教育部图书馆总监察员，1924年成为龚古尔学院成员。——译者注

轻人！一分不多一分不少，它就是大师之作。……您要相信，这个精巧的故事将流传于世！您笔下刻画的资产阶级的嘴脸多么生动！没有一个不成功的。……我真想轻吻你片刻！不，不！说真的，我很满意，我一开始只是觉得新鲜，现在则佩服极了。"一旦莫泊桑接受了"杰作"的检验，他就有资格与名家巨匠以"你"相称、平等对话了。

不过，福楼拜将再次挺身援救他的弟子于水火。《现代与自然主义杂志》在没有告知莫泊桑的情况下刊载了他的长诗《一位少女》，此诗被控有伤风化、有伤公共道德。然而，尽管莫泊桑愿意承认诗的内容确实有些违背伦理，但这首诗原是《文学共和国》于1876年以《水边》为题刊登过的旧作，在当时并未引起任何争议。被起诉的莫泊桑要为此冒什么风险呢？他告诉庇护他的福楼拜，这将"砸掉我的饭碗，让我再次流落街头"。于是，福楼拜到处奔走，并"匆忙地在《高卢人报》发表了一封尚未定型的长信"，这封纯为友谊而写的公开信尽管有悖他的新闻原则（他向屠格涅夫吐露："我从未做过如此让步"），却为莫泊桑平息了风波。检察院最终决定不予起诉。

出版《梅塘之夜》合集的那一天，莫泊桑煞费苦心，寻觅"成功法门"。他在《高卢人报》上署名发表了一篇文章，提出文集的构思其实效仿了薄伽丘的《十日谈》。他的言论激起了评论界的强烈反应。沃尔夫①一点也不买莫泊桑的账，他在《费加罗报》上抨击：《梅塘之夜》里除了左拉的那一篇，其他全都"平庸至极"。不过，《羊脂球》的确一炮而红了，孟戴斯还专程跑去作家的家里表示祝贺。莫泊桑写给福楼拜："总之，我觉得反响极好。这将为我即将于星期二出版的诗歌集进行预热，对我而言，也将迅速中止报纸上喋喋不休的关于'自然主义学派'的荒唐言论。"

---

① 阿尔贝·沃尔夫（Albert Wolff, 1835—1891），原名亚伯拉罕·沃尔夫（Abraham Wolff），德裔法国作家、记者、剧作家、艺术评论家。——译者注

当福楼拜读了印在《诗集》上的题献("献给居斯塔夫·福楼拜,我衷心爱戴的、杰出的、慈父一般的朋友,我最最仰慕的、无可指摘的老师")以及跋尾("致福楼拜,他的年轻人,居伊·德·莫泊桑")时,他"心里泛酸,眼角含泪"。3月底,特拉普晚宴的文学巨匠在克鲁瓦塞作了一次短暂的停留,之后,一个新的文学聚会诞生了:圣波利卡普①。这是拉皮埃尔兄弟为了向他们的友人福楼拜致敬而组织的聚会,1879年4月25日是第一届。每年一度的"仪式"象征着作家义愤的能力,这种能力与总是痛惜其出生时代的士每拿主教波利卡普十分相近。当然啦,福楼拜也乐意用他自比。1880年的那场聚会,莫泊桑因部门禁止外出只能遗憾缺席,不过,他不遗余力地给老师寄去有趣的书信。5月4日,福楼拜终于给他写了

---

① 圣波利卡普(saint Polycarpe,69—155),又译圣坡旅甲,公元2世纪士每拿(今土耳其境内伊兹密尔)主教,是教会史上最先详细记录的殉道者。——译者注

生前的最后一封信:"《梅塘之夜》竟然已经出了8版？我的《三故事》才出了4版，我都要嫉妒了。你下个礼拜初就可以见到我了。拥抱你。"

1880年5月8日，星期六，公共教育部。尽管他的办公室朝向花园，但也无法抚慰星期天要来这里工作的烦闷。莫泊桑待在里面，近来发生的一些事让他心情畅快。巴黎的文坛名流大多对他的小说《羊脂球》以及他的《诗集》褒赏有加。再者，他想念的福楼拜不日就要来巴黎了。

下午3点30分，一封发给他的电报让时间停止下来："巴黎公共教育部莫泊桑。福楼拜死于中风。无救。6时出发。尽可能赶来。科芒维尔。"莫泊桑跑回他家。另外两封电报接连而至，传达了同样的讯息：一封署名拉皮埃尔，发到了克洛泽尔街；一封来自潘雄，约他在贝宗汇合。莫泊桑也发了几封电报，诸如左拉、龚古尔和夏庞蒂埃等人都将遭受寥寥几字传达出来的冲击："福楼拜死了。莫泊桑。"

接下来唯一能做的就是立刻动身了。后来,莫泊桑告诉屠格涅夫,"夜晚,我们踏上了可怕的旅程,陷入了黑暗残忍的哀伤"。在克鲁瓦塞,当莫泊桑进入福楼拜的书房时,他看到"一具庞大的尸体平躺在宽大的无靠背长沙发上,脖子胀肿,喉部发红,像一个被雷击倒的巨人一样让人生畏"(《吉尔·布拉斯报》,1890年)。根据女佣苏珊的说法,福楼拜从浴室出来的时候只觉身体不适,不久便失去了知觉。医生诊断为"暴卒性中风"。

莫泊桑还要完成一些令他记忆深刻的行为,一种既合情入理又逆情悖理的仪式。给福楼拜的友人(左拉、龚古尔、邦维尔)一一去信,机械地重复荒诞的套语。为死者洗漱打扮,就像死者曾为深爱的挚友阿尔弗雷德·勒·普瓦特万所做的那样。给死者喷洒古龙香水。为死者穿衣,不久后,他对弗朗索瓦描述,"我给他穿上衬衣衬裤、白色丝袜;然后给他戴上皮手套,套上马裤;接着是坎肩和上衣;我把领带系在他的衬衫领子上，紧紧地打了一个蝴蝶结"。给死者"合上眼睛"，梳理髭须。退后一些："我想象着在这颗头颅里装着的大脑曾付出的劳作，一种为了创作深刻有力的作品而超乎常人的劳作，由此成就了尤为卓越的《萨朗波》，这部作品将在未来数个世纪的文学生命里占据头名的位置。"最后，他亲吻死者的额头，"怀着一种渴望，想要抓住藏在里面的神秘力量"。

莫泊桑在老师身边整整守了3日，然后协助老师的朋友普歇[①]、福尔坦[②]裹好尸体。接着，他要苦捱5月11日这个悲痛的日子：先在康特勒做弥撒，再到鲁昂落葬。死者生前那些年轻的友人和学生都纷纷赶赴葬礼。不过，除了龚古尔之外，与死者同一时代的作家们却均未露面，莫泊桑细细数着："……维克多·雨

[①] 乔治·普歇（Georges Pouchet, 1833—1894），法国医生－生物学家费力克斯·阿基米德·普歇（Félix Archimède Pouchet, 1800—1872）之子，法国自然主义者、解剖学专家。——译者注
[②] 夏尔·福尔坦（Charles Fortin），福楼拜的医生及友人。——译者注

果没来，勒南没来，丹纳没来，马克西姆·迪康①没来，弗雷德里克·博德里②没来，小仲马没来，奥吉耶③没来，瓦克里④没来……"在墓地还出现了让人难受的一幕：偌大的灵柩竟被卡在了小小的墓穴里，最终还是头朝下结束了酷刑。左拉觉得场面"残忍"，不忍心再看下去，于是同龚古尔和都德一道返回巴黎，没有参加当晚组织的丧礼晚宴。

回到巴黎，莫泊桑故作坚强地面对着每一天的生活。卡罗琳·科芒维尔在写给莫泊桑的信里倾诉，舅父走后，她的痛苦与日俱增。对此，心有同感的莫泊桑回应："可怜的福楼拜死去的日子越来越遥远，然

---

① 马克西姆·迪康（Maximu Du Camp, 1822—1894），法国作家、摄影师。——译者注
② 弗雷德里克·博德里（Frédéric Baudry, 1818—1885），法国文献学家，福楼拜幼时的朋友。——译者注
③ 埃米尔·奥吉耶（Émile Augier, 1820—1889），法国诗人、剧作家。——译者注
④ 奥古斯特·瓦克里（Auguste Vacquerie, 1819—1895），法国诗人、记者、剧作家。——译者注

而，我对他的想念越来越深沉，我的心愈发疼痛，精神愈加孤独。他的影子无时不浮现在我的面前，我看见他穿着那一袭宽大的褐色便袍站起身来，他说着话、抬起手臂的时候，袍子变得更大了。我的脑中想起了他所有的动作，耳边萦绕着他全部的语调。

"此刻，我敏锐地发觉生活多么的无用，一切努力结不出果实，所有事物单调的可怕，精神如此的孤独。我们都生活在这样的孤独之下，只有当我可以同他促膝交谈的时候，我才不那么为孤独所苦。"

尽管莫泊桑写给左拉和屠格涅夫的信诉说了同一个主题，不过却也有一些变化。莫泊桑请左拉帮他一个忙，并征询一个建议。他能指望左拉在《伏尔泰报》[①]上为他的《诗集》写些只言片语吗？另外，还是这家《伏尔泰报》，最近向他约一部小说，他应该

[①] 《伏尔泰报》(*Le Voltaire*) 是创办于 1878 年的法国报纸。
——译者注

怎么收取稿费呢？5月25日，左拉应莫泊桑之托，助他的诗集以重要的"一臂之力"（"这是一个强壮结实的小伙子，他既钟爱女人，也热爱创作，他渴望人们在大自然中相爱"）。此外，左拉也就稿酬的问题毫不迟疑地做出了答复："您可以向老拉菲特要价每行10苏，这也是他支付我们的稿酬标准。当他去找您的时候，请您强硬一些，这是唯一让他尊重您的方式。"

莫泊桑的职业处境和经济条件终于得以好转。《高卢人报》向他（和于斯曼）抛出了橄榄枝：只要每个礼拜写一篇文章，他每个月就可以赚到500法郎，这是他当公务员工资的两倍之多！1880年6月1日，他以朗迪医生的证明为依据，向部长朱尔·费里申请"3个月的带薪休假"："我数年以前患上的神经官能症在这几个星期令人担忧地恶化了，它影响了我的眼睛，也让我不断地忍受着剧烈头痛的折磨。"在格扎维埃·沙尔姆[①]、亨利·鲁容以及部长阿尔弗雷德·朗博[②]的支持下，莫泊桑得到了这次宝贵的假期，鲁容后来回忆："莫泊桑一时洋溢着快乐的情绪。他出神地看着那道让他喜不自禁的部长令，嘴里反复念着：'成了！'他闭上双眼，像是一个正在品尝甜点的美食家。"然而，这可完全不是休假3个月的事情，而是他的一生。一个假期接着另一个假期，他再也没有回到教育部。居伊·德·莫泊桑几乎完全从他的俗务中抽出身来，成名之作让29岁的他更加坚信：一段既让他忧伤又令他激动的时期终要结束了，再见，他的学徒生涯，他的青春岁月。

还是在1880年6月1日这一天，他亲笔写了一篇注文，它将以序的形式被放在《诗集》第三版的最

---

① 格扎维埃·沙尔姆（Xavier Charmes, 1849—1919），法国高级官员，曾与莫泊桑同在公共教育部工作。——译者注
② 阿尔弗雷德·朗博（Alfred Rambaud, 1842—1905），法国史学家、政治家。朱尔·费里曾于1879年命他管理其在公共教育部的部门。——译者注

前面,还将附上福楼拜不久前在《高卢人报》上发表的公开信。

"……在《诗集》最新一版的开头,我想放上他为我的一首题为《水边》的诗歌辩护、让其免遭埃唐普检察院的抨击而写的精彩绝伦的信。(他曾写信告诉我,集子的题献让他泪眼模糊,因为他也爱着我。)

"我这样做,是想献上我对他无上的敬意。他的离去带走了我对于一个男人最亲切的温情、我致以一位作家最崇高的赞美,以及最彻底的崇拜——一直激励我有朝一日成为像他这样的人。

"我这样做,再一次把我的书置于他的保护之下。当他还在世的时候,他的庇护像是一道神奇的盾牌。检察官们的裁决丝毫不敢与之对抗,而我因此得以安然无恙。"

莫泊桑在他的作品里让"亡者"发言,使其奇迹般地"复活",同时又第二次将其埋葬。福楼拜死了,以后全凭他自己上下求索,赢得精神的独立。然而,离去的人尽管已不在，却让人不易忘怀。他说的话在莫泊桑的耳边响起，他夸张的动作在莫泊桑的眼前浮现，这个幽灵、这个虽死犹生的亡者拥有一些他的弟子想要召唤的魔法。

　　落在莫泊桑手上的"神奇的盾牌"到底来自哪里？来自哪个传说或神话？他是否想到了宙斯的无敌"神盾"——嵌着蛇发女妖美杜莎头颅的威力无比的武器？不管怎样，莫泊桑自视为福楼拜的精神之子，他把他身为作家的未来寄托于他奉若神明的福楼拜的庇护。在病魔和死亡袭来之前，没有什么可以打碎他的幻想。

尾　声

为了追寻空间、水和宁静，远离巴黎生活，船手莫泊桑沿着塞纳河离开贝宗，来到了萨特鲁维尔。他和莱昂·封丹租了一间小公寓，在公寓的房顶便可俯瞰河流。他向记者哈里·阿利斯解释了他的意图："埋头苦写 6 个月，划船和游泳权当休息。"未来 10 年的生活基调就此确定了。在 1891 年年初之前，他一直往返巴黎、埃特尔塔、塞纳河和蔚蓝海岸，并将全部的精力倾注于 300 多篇中短篇小说、6 部长篇小说、250 多个专栏、3 部游记以及多个剧本（其中 4 部剧本在他生前出版）。他还将操纵船桨，经过夏都、特里尔或普瓦西,放慢节奏,直到耗尽最后一滴血,他的文学作品仿佛也在合着船桨机械的节奏。为了回想他稍纵即逝(他预感到了)的命运,他将为若泽·玛利亚·德·埃雷迪亚奉上一个天文气象上的隐喻。隐喻的灵感或许来自他所参阅的星图:"我像流星一样进入文坛,又像霹雳一样离开。"

几年间,他获得了梦寐以求的荣耀和财富。1883年,《一生》问世了,保罗·阿莱克西称赞他的文笔"如血液一样炙热"。1888年,阿纳托尔·法朗士在《时报》上谈及《两兄弟》时,把莫泊桑的文字称之为"真正的法语,不知道如何予以更好的褒扬"。他的作品吸引着人们,同时也让人们不安。人们愤懑于作品中使用的俚语和大胆选择的主题(《泰利埃公馆》《菲菲小姐》)。一时间,阿歇特出版社拒绝在车站图书馆发行《一生》。还有一些记者强烈抗议《漂亮朋友》一书中对媒体的辛辣讽刺,为此,身在罗马的莫泊桑特意发表了一封公开信予以解释。至于龚古尔,他对莫泊桑在《论小说》中有关写作艺术的言论大为恼火，同时又嫉妒莫泊桑赢得了舆论和评论的一致赞赏。为此，他放出了几把直到今天仍很有名的利箭："从拉布吕耶尔、博须埃、圣西蒙，到夏多布里昂，再到福楼拜，作家们即便没有署名，却也在字里行间加上了印记，易被文人辨识……然而，莫泊桑的作品却没有属于自己的印记，坦率来讲，他的作品完全像是所有人的复本。"（1888年1月9日）

1891年，当"出版界之王"莫泊桑——当时报刊按长篇小说每行1法郎、短篇小说每部500法郎的价格向他支付稿费——对他的印刷量进行统计时，他或可得意地宣布：中短篇小说16.9万册，长篇小说18万册，游记2.4万册。每个合集有13个版本，每部长篇小说30版，每本游记8版。他甚至断言："我是拥有版本数量最多的作家之一，说不定仅次于左拉。"2004年至2012年期间，莫泊桑的作品发行了380万册，这个庞大的数字让他名列最畅销经典作家前茅,排名领先于莫里哀、左拉和雨果。若他知道这个消息,又会说些什么呢?

1891年,踌躇满志的作家已是一个受伤的男人。10年间不加节制的写作,频繁的搬家,数次的逃离(布列塔尼,英国,温泉城,南方温暖的气息,作为《高卢人报》记者第一次游览的阿尔及利亚,突尼斯,意大利,蔚蓝海岸),过分敏感的性格,面对孤独时的清醒与绝望——统统这些也许都在撼动着他顽强的生命力,对他来说"几乎所有的感觉都变成了痛苦"。我们对他纷乱的私生活还能说些什么呢?

这位漂亮朋友尽管已无力去爱("男人和女人总是灵魂和智慧上的陌路人,他们是交战的双方"),但还是为几个富有魅力的女友微敞心门:暧昧如波勒·帕朗-德巴尔,亲密如埃尔米纳·勒孔特·迪努伊,他还把作品献给了与他交往许久的克莱芒蒂娜·布朗-沙巴。作为一名现场记者("每个人若想保持思想的完整性,则必须绝对远离人们所谓的世俗关系"),

他近距离地观察着他所不以为然的封闭圈子,同时,他也像最后创作的几部世俗小说(《如死一般强》《我们的心》)中的主人公那样,经历了几次情感高烧。他的意中人是:纯洁可爱但又有些古怪的波托茨卡伯爵夫人,聪明傲慢的热纳维耶芙·比才,还有从保罗·布尔热①那里偷来的有毒的花朵——玛丽·卡恩——她或许是莫泊桑的唯一所爱。

弟弟埃尔维的堕落以及被关进精神病医院更是让莫泊桑经受了沉重的打击。1889年11月,厄运再次来袭,埃尔维最终去世了。在写给波托茨卡伯爵夫人的信中,莫泊桑说道:"倘若我信仰宗教里的上帝,那么我将对他无比恐惧。"1891年,莫泊桑自己的病情逐渐恶化。十多年来,疾病逞凶肆虐,没有一刻忘记过他。神经痛、偏头痛、视力模糊,但他拒绝治

---

① 保罗·布尔热(Paul Bourget,1852—1935),法国小说家和评论家。——译者注

疗。不久后，问题层出不穷地出现。到外面吃饭要支付"8天的痛苦"。他不得不停止长时间的工作会议。1890年底，在福楼拜纪念碑的落成典礼上，莫泊桑"脸颊凹陷"，"眼神呈现出病态的呆滞"。一切症状无不印证着龚古尔的预言："我觉得他已命不久矣。"莫泊桑像《如死一般强》（作家皮埃尔·勒迈特①说，贯穿整部小说的是"衰老无限的痛苦"）中的吉罗瓦夫人一样，将哀诉自己褪去的光泽："我悲伤着注视着我花白的头发，我的皱纹，我脸颊上松弛的皮肤，到处都是生命磨损的迹象。"

很快，他开始表达困难，不得不放弃写作，并且忍受着谵妄和幻觉的折磨。他带着令人心碎的清醒和勇气直面病魔，抵挡每况愈下的精神状态。1891年12月，他在写给卡扎利斯医生的最后一封信里说："死

---

① 皮埃尔·勒迈特（Pierre Lemaître，1951—），当代法语文学大师级作家，龚古尔文学奖得主。——译者注

亡正步步紧逼，我快要疯了。我的大脑失去了控制。永别了，朋友，你再也见不到我了。"

1892年1月2日，戛纳。莫泊桑在母亲面前谵妄发作后企图割喉自杀。1月6日，他被套上紧身衣，强制带到前往巴黎的火车上。1月7日，一脸病容、神色惶恐的莫泊桑抵达巴黎北站，出现在记者们的视线中，他一言不发地冲进汽车。这辆车会把他带到帕西布朗什医生的私人医院。然而他再也不会活着出来。

1893年7月6日，距他43岁生日还有1个月的时候，他因梅毒引发的全身瘫痪与世长辞。7月8日，在200位亲友的注目下，他的遗体被安葬于蒙帕纳斯公墓，爱弥尔·左拉为这位天才献上悼词：他光明，朴实，有能力，有魄力。他的父母均未出席葬礼：父亲居斯塔夫·德·莫泊桑通过《小马赛人报》知道了儿子去世的消息，而母亲洛尔前一天早晨还在尼斯的家中，尚不知他的死讯。

年　表

1850 年
8月5日，亨利·勒内·阿尔贝·居伊·德·莫泊桑在迪耶普附近的米洛美尼尔城堡出生，其父亲是居斯塔夫·德·莫泊桑，母亲是洛尔·德·莫泊桑。

1856 年
莫泊桑的弟弟埃尔维在格兰维尔－伊莫维尔白色城堡中出生。

1859 年
在巴黎的拿破仑帝国公立中学（现在的亨利四世高中）学习一年。

1861 年
莫泊桑的父母于年底分居。居斯塔夫仍居住在巴黎,洛尔和孩子们则回到了埃特勒塔的维尔基别墅。1862 年,治安法官正式批准分居协议生效。

1863 年
莫泊桑以寄宿生的身份在伊夫托教会学校注册入学。

1868 年
莫泊桑因"反宗教言论"被学校开学。随后在鲁昂完成修辞学班的课程,并结识诗人路易·布耶。同年夏天,拜访鲍威尔和斯温伯恩。

1869 年
7 月 18 日,路易·布耶逝世。7 月 27 日,中学毕业会考。同年秋,赴巴黎攻读法律专业。

1870 年
7 月 19 日,普法战争爆发,莫泊桑与 70 级同学一道应征入伍,并被分配到鲁昂第二师的后勤部门。随着法军的溃败,莫泊桑冒着西伯利亚严寒重回勒阿弗尔。

1871 年
莫泊桑终于找人接替了他在军队的职位,并于秋季退伍。

1872 年

作为无报酬编外人员进入海军部工作。居住在蒙塞街 2 号,仍是法律专业在读学生(第二学年注册,但不久后放弃学业)。

1873 年

初领薪水,月薪 125 法郎。定期到穆里罗街 4 号(朝向蒙梭公园)拜访居斯塔夫·福楼拜。开始到塞纳河划船。

1874 年

晋升为四等职员。创作诗剧《往昔的故事》。

1875 年

第一部短篇小说《剥皮的手》在《洛林季风桥年鉴》上发表,另有三首诗在一个新期刊上刊登。另,与罗贝尔·潘雄合写的(黄色滑稽剧)《玫瑰花瓣,土耳其人之家》上演。莫泊桑在福楼拜于穆里罗的寓所内结识了都德、龚古尔和左拉等作家,并与他们一同出入圣奥诺雷郊区街 240 号。创作短篇小说《埃拉克利斯·格洛斯医生》和诗剧《排演》。

1876 年

在《法兰西公报》上发表短篇小说《在船上》,在《文学共和国》上发表长诗《水边》。治疗心脏问题。定居在克洛泽尔街 17 号。

1877 年

围绕左拉及自然主义,后成立了梅塘文学集团。该集团和奥克塔夫·米尔博在特拉普饭店组织晚宴,福楼拜、左拉和龚古尔受邀出席。5月,《玫瑰花瓣,土耳其人之家》第二次上演。莫泊桑被诊患上梅毒,赴洛埃施进行治疗。完成剧本《吕纳伯爵夫人的背叛》。着手创作《一生》。

1878 年

莫泊桑与其部门上级的关系破裂。年底,在福楼拜的帮助下,被公共教育部聘用。

1879 年

《往昔的故事》在法兰西第三剧院(德雅泽剧院)上演。秋,布列塔尼旅行。筹划创作一部诗集和一部短篇小说,该小说后来在梅塘集团创作的合集中占据一席之地。

1880 年

《一位少女》在《现代与自然主义杂志》上发表,被认为有违宗教和公共伦理,有伤风化。福楼拜在《高卢人报》上公开支持莫泊桑,最终检察院不予起诉。4月17日,梅塘集团的《梅塘之夜》合集出版。4月25日,莫泊的《诗集》出版。5月8日,福楼拜去世。6月1日,莫泊桑向教育部申请休假被批准,后正式离职。5月31日,入职《高卢人报》。8月,在萨特鲁维尔租用一套公寓,随后赴科西嘉与母亲重逢。年底,搬到巴黎迪隆街83号。

1881 年

《泰利埃公馆》出版。夏,前往阿尔及利亚,并在此停留两个月(为多达 11 个专栏撰稿);之后经由科西嘉、佛罗伦萨、夏纳回到巴黎。10 月,再次加入《吉尔·布拉斯报》编辑部。

1882 年

《菲菲小姐》出版。夏,诺曼底旅行。这一年,莫泊桑以惊人的速度进行创作,共计发表或出版专栏和短篇小说 100 多篇。

1883 年

莫泊桑命人在埃特勒塔建造吉耶特别墅。《一生》先后在《吉尔·布拉斯报》和阿瓦尔出版社出版。《山鹬的故事》出版。夏,沙泰尔居永疗养。雇用仆人弗朗索瓦·塔萨尔。《月光》问世。

1884 年

游记《阳光下》出版。夏纳旅行。先后在阿瓦尔出版《哈丽特小姐》,在欧伦托夫出版《隆多里姐妹》。迁居到表哥路易位于蒙沙南街 10 号的公馆 1 层。

1885 年

小说集《白天与夜晚的故事》。莫泊桑与画家热尔韦等朋友们前往意大利。长篇小说《漂亮朋友》出版。夏,沙泰尔居永疗养,创作《奥利奥尔山》。《帕朗先生》出版。

1886 年

《图瓦纳》出版。参加弟弟埃尔维在法国南部举办的婚礼。《小罗克》出版。夏,夏都疗养,随后应费迪南·德·罗斯柴尔德之邀前往英国。9 月,吉耶特别墅狂欢。在昂蒂布,购买游艇,将其命名为"漂亮朋友号"。

1887 年

《奥利奥尔山》和《奥尔拉》相继出版。乘坐"奥尔拉"号热气球升空旅行。在埃特勒塔创作《两兄弟》。在吉耶特别墅工作。埃尔维精神病初次发作。动身前往戛纳,住在大陆别墅。

1888 年

相继出版《两兄弟》《论小说》《在水上》,以及关于《漂亮朋友》的旅行日志。埃尔维被送进精神病医院。夏,回到埃特勒塔。秋,艾克斯莱班疗养。《于松夫人的蔷薇》出版。北非旅行。长期忍受身体病痛折磨。

1889 年

购买新游艇"漂亮朋友Ⅱ号"。小说集《左手》、长篇小说《如死一般强》相继出版。在塞纳河边特里尔小城的斯蒂尔多夫别墅租住数周。乘游艇出游意大利。11 月 3 日,埃尔维去世。莫泊桑迁居维克多-雨果大道 14 号。

1890 年

因公寓无法继续租住，动身前往夏纳。出版游记《漂泊的生活》。返回巴黎。《无益的美》《我们的心》相继问世。艾克斯莱班短居。搬至博卡多尔街24号。继普隆比埃尔疗养之后，又数次旅居孚日山、艾克斯莱班，此间，着手创作《安热吕》和《陌生的心灵》。逗留尼斯见洛尔。

1891 年

健康状况每况愈下。剧本《穆索特》在体育馆剧场首演。多次旅行：法国东南部和西南部，巴涅尔-德-吕雄，尼斯，迪沃讷莱班……出现幻觉，起草遗言，临近终日。

1892 年

新年当天，莫泊桑在尼斯母亲家用餐时谵妄发作。1月1日晚间至次日，试图割喉自杀。1月7日，被送进布朗什医生的私人医院。

1893 年

《家庭和睦》在法兰西喜剧院上演。最后一则短篇故事《流动商贩》在《费加罗报》上刊登。7月6日，莫泊桑与世长辞。7月8日，被埋葬于蒙帕纳斯公墓。两部遗作《米隆老爹》《流动商贩》分别于1899年和1900年在欧伦托夫出版社出版。

参考文献

莫泊桑的作品

Œuvre complète de Guy de Maupassant, avec une étude de Pol Neveux, Conard, 1907-1910, 29 vol.

Contes et Nouvelles, éd. Louis Forestier, Gallimard, « Bibliothèque de la Pléiade », 1974-1979, 2 vol.

Romans, éd. Louis Forestier, Gallimard, « Bibliothèque de la Pléiade », 1987.

Des vers et autres poèmes, éd. Emmanuel Vincent, université de Rouen, 2001.

Chroniques, Anthologie, choisis et présentés par Henri Mitterand, Le Livre de poche, « La Pochothèque », 2008.

Théâtre de Guy de Maupassant, éd. Noëlle Benhamou, Sandre, 2012.

Correspondance, éd. Jacques Suffel, Évreux, Le Cercle du bibliophile. 1973, 3 tomes.

Gustave Flaubert/Guy de Maupassant, Correspondance, éd. Yvan Leclerc, Flammarion, 1993.

关于莫泊桑的作品

Blanche Jacques-Émile, *La Pêche aux souvenirs*, Flammarion, 1949.

Borel Pierre et Petit Bleu(Léon Fontaine),« Maupassant avant la goire », *La Revue de France*, V, octobre 1927; *Le Destin tragique de Guy de Maupassant*, Les Éditions de France, 1927; « Les Logis de Maupassant », *Les Nouvelles littéraires*, 18 janvier 1930.

Brisson Adolphe, « L'enfance et la jeunesse de Guy de Maupassant », *Le Temps*, 26 novembre 1897.

Daudet Alphonse, *Trente ans de Paris. À travers ma vie et mes livres*, Marpon et Flammarion, 1888.

Franklin Grout Caroline, *Heures d'autrefois. Mémoires inédits*, Publications de l'université de Rouen, 1999.

Goncourt Edmond et Jules de, *Journal*, éd. Robert Ricatte, Robert Laffont, collection « Bouquins », 2009, 3 volumes.

Harris Frank, *Ma vie et mes amours*, Gallimard, 1934.

Roujon Henry, *La Galerie des bustes*, Hachette, 1909.

Tassart François, *Souvenirs sur Guy de Maupassant, par François son valet de chambre*, Plon 1911.

Tassart François, *Nouveaux Souvenirs intimes sur Guy de Maupassant (inédit)*, Nizet, 1962.

Ulmès Renée d', « Guy de Maupassant (détails inédits sur son enfance et sa première jeunesse) », *La Revue des revues*, 1er juin 1900; « Souvenir, Mme Laure de Maupassant », *L'Éclaireur de Nice*, 12 décembre 1903; « Les mères des grands écrivains: Mme Laure de Maupassant », *La Revue des Revues*, 15 avril 1904.

Zola Émile, « Alexis et Maupassant », *Le Figaro*, 11 juillet 1881; « Discours prononcé aux obsèques », *Gil Blas*, 10 juillet 1893.

Dumesnil René, *Guy de Maupassant*, Tallandier, 1947.

Johnston Marlo, *Guy de Maupassant*, Fayard, 2012.

Lanoux Armand, *Maupassant le Bel-Ami*, Fayard, 1967.

Leroy-Jay Hubert, *Guy de Maupassant, mon cousin*, Luneray, Éditions Bertout, 1993.

Lumbroso Albert, *Souvenirs sur Maupassant*, Rome, Bocca frère éditeurs, 1905.

Morand Paul, *Vie de Maupassant*, Flammarion, 1942.

Satiat Nadine, *Maupassant, Flammarion*, « Grandes biographies », 2003.

Thuillier Guy, « Maupassant, commis au ministère de la

Marine», in *Bureaucratie et Bureaucrates en France au XIXe siècle*, Genève, Droz, 1980.

Tougard Robert, *À la rencontre de Maupassant au « Séminaire d'Yvetot »*, édition Robert Tougard, 1992.

Troyat Henri, *Maupassant*, Flammarion, 1989.

Bayard Pierre, *Maupassant, juste avant Freud*, Minuit, 1994.

Bienvenu Jacques, *Maupassant inédit*, Édisud, 1993.

Bonnefis Philippe, *Comme Maupassant*, Presses universitaires du Septentrion, Collection « Objet ».

Grandadam Emmanuèle, « Maupassant: la vie et l'œuvre au filtre de l'eau. L'eau toujours recommencée des passions humaines », *Bulletin Flaubert-Maupassant*, n°29, 2014, pp. 65-82.

Leclerc Yvan (sous la direction de), *Flaubert, Le Poittevin, Maupassant. Une affaire de famille littéraire*, Publications de l'université de Rouen, 2002.

Schmidt Albert-Marie, *Maupassant,* Seuil. « Micro-cosme », série « Écrivains de toujours », 1962.

Vial André, *Guy de Maupassant et l'Art du roman*, Nizet, 1954.

Mitterand Henri, *Zola, tome 2, 1871-1893, L'homme de Germinal*, Fayard, 2001.

Pagès Alain, *Zola et le Groupe de Médan, Histoire d'un cercle littéraire*, Perrin, 2014.

致　谢

我要向那些特别喜欢这本书，并提供了明智建议的人表示衷心的感谢，他们是：

布鲁诺·巴尔比耶（Bruno Barbier）

达尼埃尔-福韦尔（Daniel Fauvel）

埃马纽埃尔-格朗达当（Emmanuèle Grandadam）

伊万·勒克莱尔（Yvan Leclerc）

若埃勒·罗贝尔（Joëlle Robert）

福楼拜和莫泊桑之友协会（L'Association des amis de Flaubert et de Maupassant）

娜塔莉·罗马泰（Nathalie Romatet）

马克·瓦勒尔博士（Dr Marc Valleur）。

此外,我特别感谢马尔罗·约翰斯通提出的宝贵意见！

"他们的 20 岁"书系

由本社编者特邀上海万墨轩图书有限公司

闫青华联合策划